기초물류중국어 I

이준서 · 윤유정 공저

제이앤씨
Publishing Company

머리말

 'G2시대'로 대표되는 중국의 대두 그리고 중국의 급속한 경제성장은 향후 글로벌 경제성장 동력의 해법을 중국에서 찾아야한다고 해도 과언이 아닐 것입니다. 특히 미국의 경제침체와 브렉시트(Brexit)로 상징되는 유럽 경제권의 쇠퇴를 목도해야 하는 작금의 현실에서 13억이라는 어마어마한 인구가 뒷받침하고 있는 중국은 과거 '세계의 공장'이라는 풍부한 노동시장의 역할에서 탈바꿈하여 이제는 명실상부 거대 소비시장으로 자리매김하기 시작하였습니다. 또한, 유커(游客)로 대표되는 중국인 관광객의 대이동은 중국과 지리적으로 밀접한 관계에 있는 우리들이 중국의 궐기를 피부로 실감할 수 있는 수준이 되었습니다.

 본 기초물류중국어는 한 나라의 경제성장과 밀접한 상관관계를 이루는 '물류'의 개념을 단순한 물적 이동(physical flow)의 의미로써가 아니라, 인적교류, 정보 및 콘텐츠의 흐름을 포괄한 것으로 해석하여, 중국경제의 지속적인 성장세를 뒷받침하고 있는 중국물류에 대한 기초적인 지식을 중국어와 함께 학습하고, 더 나아가 중국 전반에 대한 이해를 도모할 수 있는 교재입니다.

 본 교재는 전 2권으로 1권은 2주 분량의 발음연습과 본문 10과, 2권은 본문 12과로 구성되어 있는데, 이는 대학에서의 통상적 수업구성인 15주중, 오리엔테이션, 중간고사, 기말고사를 제외한 12주에서 한 주당 각 한 과씩을 목표로, 한 학기 동안 한 권의 책을 완전히 끝내는 성취감을 느낄 수 있도록 의도하였습니다.

 본 교재를 통하여 중국어 학습을 중심으로 포괄적인 개념의 물류지식과 함께, 중국물류에 대한 기초적인 이해를 할 수 있는 계기가 형성되기를 바랍니다.

저자 일동

차 례

준비	중국어란 무엇인가?	7
	물류 노트 양안관계와 중국어	24

제1과	你好! (안녕하세요!)	25
	물류 노트 물류의 6대 기능	31

제2과	您贵姓? (당신은 성이 무엇입니까?)	33
	물류 노트 중국의 소수민족 분포	40

제3과	你是哪国人? (당신은 어느 나라 사람입니까?)	41
	물류 노트 '세계의 시장', 중국	47

제4과	你今年多大年纪? (당신은 올해 몇 살입니까?)	49
	물류 노트 스마트물류	56

제5과	现在几点? (지금 몇 시입니까?)	59
	물류 노트 와이마이(外卖)	67

제6과	王经理在吗？(왕사장님 계십니까?)	69
물류 노트	알리바바 마윈(马云) 사장	77

제7과	这是我的名片。(이것은 제 명함입니다.)	79
물류 노트	꽌시(关系)	86

제8과	百货商店几点开门？(백화점은 몇 시에 문을 엽니까?)	87
물류 노트	알리바바닷컴	93

제9과	你的手机怎么样？(당신의 휴대폰은 어때요?)	95
물류 노트	중국 휴대폰 점유율	102

제10과	你想买点儿什么？(무엇을 사고 싶습니까?)	103
물류 노트	유커(游客)	109

준비

중국어란 무엇인가?

물류 노트 양안관계와 중국어

1 한어(漢語)

　　중국에서 자국의 언어를 '한어'(漢語)라고 합니다. 이는 '한족(漢族)의 언어'라는 뜻입니다. '보통화'(普通話)는 "표준 중국어를 가리키며, 베이징(北京)음을 표준음으로 하고, 북방방언(北方方言)을 기초 방언으로 하며 모범적인 현대 백화문(白話文;입말을 바탕으로 쓴 글)으로 쓴 문학작품의 문장을 어법의 규범으로 삼는다"라고 규정하고 있습니다.

2 간체자(簡體字)

　　간체자는 현재 중국의 규범문자이며 '간화자'(簡化字)라고도 합니다. 간체자는 일부 한자의 필획을 줄여서 만든 한자로, 대만·홍콩·마카오 등지에서 사용하는 번체자(繁體字)의 상대적인 개념으로 지칭하는 말입니다. 간체자는 복잡한 번체자에서 필획을 감소시키거나 글자의 일부를 다른 간단한 자형이나 부호로 대체하는 등의 방식을 이용하여 만들었습니다.

번체자(繁體字)	간체자(簡體字)
漢語	汉语
中國	中国
普通話	普通话

3 한어병음(漢語拼音)

한어병음은 로마자 기호에 성조 부호를 붙여서 중국어의 발음을 표기한 것을 가리킵니다.

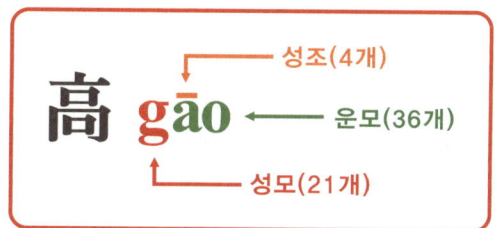

한 음절의 한어병음은 성모(聲母), 운모(韻母), 성조(聲調)의 3가지로 구성되어 있습니다.

(1) 성모(21개)

중국어 음절에서 첫머리에 오는 자음을 말합니다.

순음(脣音)	b	p	m	f	+ o [o]
설첨중음(舌尖中音)	d	t	n	l	+ e [ɤ]
설근음(舌根音)	g	k	h		
설면음(舌面音)	j	q	x		+ i [i]
설첨전음(舌尖前音)	z	c	s		+ i [ɿ]
설첨후음(舌尖後音=捲舌音)	zh	ch	sh	r	+ i [ʅ]

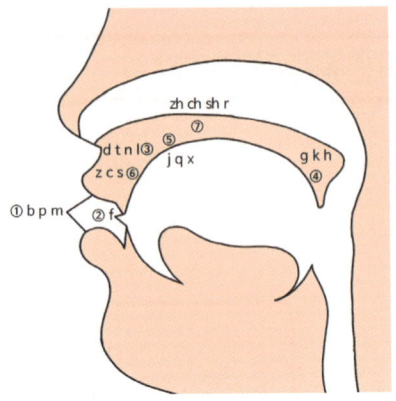

성모 소리 내는 입 안 모양

(2) 운모(36개)

중국어 음절에서 성모를 제외한 나머지 부분을 말합니다.

단운모(주요모음)	a	o	e	i	u	ü	
복운모	ai	ei	ao	ou	ia	ie	iao	iou
	ua	uo	uai	uei	üe			
	an	en	ang	eng	ong			
	ian	in	iang	ing	iong			
	uan	uen	uang	ueng	üan	ün		
	er							

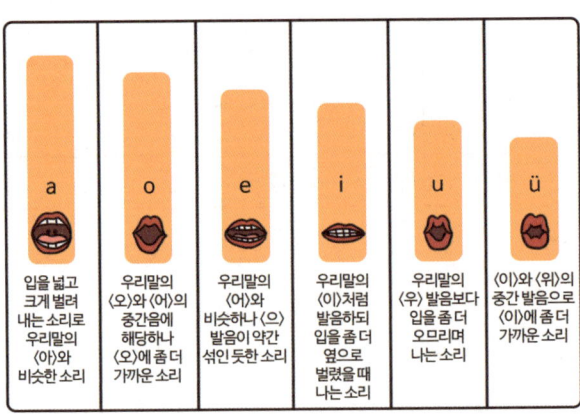

a	o	e	i	u	ü
입을 넓고 크게 벌려 내는 소리로 우리말의 〈아〉와 비슷한 소리	우리말의 〈오〉와 〈어〉의 중간음에 해당하나 〈오〉에 좀더 가까운 소리	우리말의 〈어〉와 비슷하나 〈으〉 발음이 약간 섞인 듯한 소리	우리말의 〈이〉처럼 발음하되 입을 좀더 옆으로 벌렸을 때 나는 소리	우리말의 〈우〉 발음보다 입을 좀더 오므리며 나는 소리	〈이〉와 〈위〉의 중간 발음으로 〈이〉에 좀더 가까운 소리

〈3〉 성조

성조는 음의 높낮이를 말하며, 표준 중국어인 '보통화'에는 1성(¯), 2성(´), 3성(ˇ), 4성(`)의 4개의 성조가 있습니다.

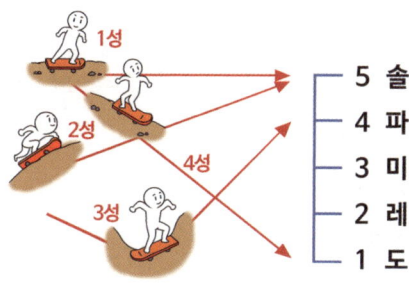

성조 표기는 주요모음 위에 표기하며 a > o, e > i, u, ü 순서대로 표기하고, i와 u가 동시에 출현할 때에는 뒤에 나온 모음 위에 표기합니다.

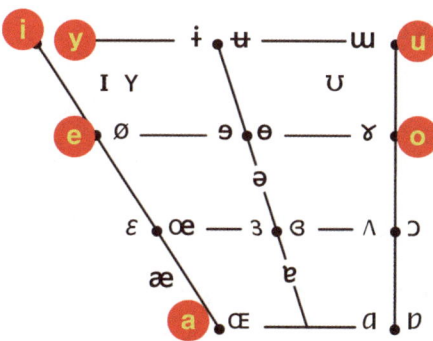

〈변조 규칙〉

1) 제3성의 변조

3성이 다른 3성과 동시에 출현할 경우 앞의 3성을 2성으로 바꾸어 읽습니다.

> 3성 + 3성 ➡ 2성 + 3성

① nǐ hǎo
② shuǐguǒ

3성이 1성, 2성, 4성, 경성 앞에 출현할 경우 3성을 반만 읽는데, 이를 '반3성'이라고 합니다.

> 3성 + 1/2/4성, 경성 ➡ 반3성 + 1/2/4성, 경성

③ shǒujī
④ Měiguó
⑤ měilì
⑥ yǐzi

2) '一'의 변조

'一'(yī)는 본래 1성이지만 뒤에 어떤 성조의 글자가 오는가에 따라 성조가 변합니다. 뒤에 만약 1성, 2성, 3성의 글자가 오면 '一'는 4성으로 읽습니다. 그러나 만약 뒤에 4성의 글자가 오면 '一'는 2성으로 읽습니다.

一(yī) + 1/2/3성 ➡ yì + 1/2/3성	一张 yì zhāng 一同 yìtóng 一起 yìqǐ
一(yī) + 4성 ➡ yí + 4성	一气 yíqì

3) '不'의 변조

'不'(bù)는 본래 4성이지만 뒤에 어떤 성조의 글자가 오는가에 따라 성조가 변합니다. 뒤에 만약 1성, 2성, 3성의 글자가 오면 '不'를 본래 성조 그대로 4성으로 읽습니다. 그러나 만약 뒤에 4성의 글자가 오면 '不'를 2성으로 바꾸어 읽습니다.

不(bù) + 1/2/3성 ➡ bù + 1/2/3성	不多 bù duō 不难 bù nán 不好 bù hǎo
不(bù) + 4성 ➡ bú + 4성	不是 bú shì

〈경성〉

중국어에는 성조 표기가 없는 음절이 있는데, 이를 '경성'(輕聲)이라고 합니다. 경성은 원래 소리보다 짧게 발음됩니다. 경성은 그 앞에 있는 음절의 성조에 따라 다른 음높이로 발음됩니다.

1성+경성→1성+2도 : māma	
2성+경성→2성+3도 : yéye	
3성+경성→3성+4도 : jiějie	
4성+경성→4성+1도 : mèimei	

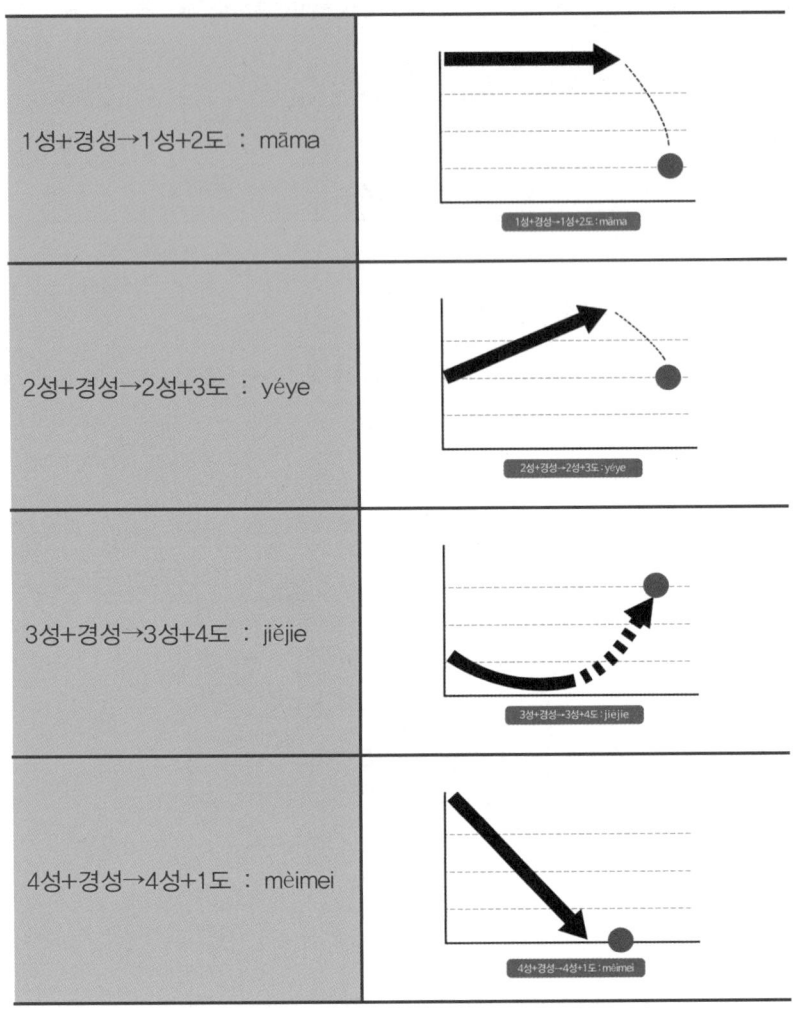

한어병음 음절표

운모\성모	a	o	e	i	er	ai	ei	ao	ou	an	en	ang	eng	-ong	-i	-ia	-iao	-ie	-iu	-ian	-in	-iang	-ing	-iong	-u	-ua	-uo	-uai	-ui	-uan	-un	-uang	-ü	-üe	-üan	-ün
	a	o	e		er	ai	ei	ao	ou	an	en	ang	eng																							
b	ba	bo		bi		bai	bei	bao		ban	ben	bang	beng				biao	bie		bian	bin		bing		bu											
p	pa	po		pi		pai	pei	pao	pou	pan	pen	pang	peng				piao	pie		pian	pin		ping		pu											
m	ma	mo	me	mi		mai	mei	mao	mou	man	men	mang	meng				miao	mie	miu	mian	min		ming		mu											
f	fa	fo					fei		fou	fan	fen	fang	feng												fu											
d	da		de	di		dai	dei	dao	dou	dan	den	dang	deng	dong			diao	die	diu	dian			ding		du		duo		dui	duan	dun					
t	ta		te	ti		tai		tao	tou	tan		tang	teng	tong			tiao	tie		tian			ting		tu		tuo		tui	tuan	tun					
n	na		ne	ni		nai	nei	nao	nou	nan	nen	nang	neng	nong			niao	nie	niu	nian	nin	niang	ning		nu		nuo			nuan			nü	nüe		
l	la		le	li		lai	lei	lao	lou	lan		lang	leng	long		lia	liao	lie	liu	lian	lin	liang	ling		lu		luo			luan	lun		lü	lüe		
z	za		ze	zi		zai	zei	zao	zou	zan	zen	zang	zeng	zong											zu		zuo		zui	zuan	zun					
c	ca		ce	ci		cai		cao	cou	can	cen	cang	ceng	cong											cu		cuo		cui	cuan	cun					
s	sa		se	si		sai		sao	sou	san	sen	sang	seng	song											su		suo		sui	suan	sun					
zh	zha		zhe	zhi		zhai	zhei	zhao	zhou	zhan	zhen	zhang	zheng	zhong											zhu	zhua	zhuo	zhuai	zhui	zhuan	zhun	zhuang				
ch	cha		che	chi		chai		chao	chou	chan	chen	chang	cheng	chong											chu	chua	chuo	chuai	chui	chuan	chun	chuang				
sh	sha		she	shi		shai	shei	shao	shou	shan	shen	shang	sheng												shu	shua	shuo	shuai	shui	shuan	shun	shuang				
r			re	ri				rao	rou	ran	ren	rang	reng	rong											ru	rua	ruo		rui	ruan	run					
j															ji	jia	jiao	jie	jiu	jian	jin	jiang	jing	jiong									ju	jue	juan	jun
q															qi	qia	qiao	qie	qiu	qian	qin	qiang	qing	qiong									qu	que	quan	qun
x															xi	xia	xiao	xie	xiu	xian	xin	xiang	xing	xiong									xu	xue	xuan	xun
g	ga		ge			gai	gei	gao	gou	gan	gen	gang	geng	gong											gu	gua	guo	guai	gui	guan	gun	guang				
k	ka		ke			kai	kei	kao	kou	kan	ken	kang	keng	kong											ku	kua	kuo	kuai	kui	kuan	kun	kuang				
h	ha		he			hai	hei	hao	hou	han	hen	hang	heng	hong											hu	hua	huo	huai	hui	huan	hun	huang				
y	ya							yao	you	yan		yang			yi						yin		ying										yu	yue	yuan	yun
w	wa	wo				wai	wei			wan	wen	wang	weng												wu											

★ 잰말놀이(绕口令)

(1) Māma qí mǎ
妈妈骑马

Māma qí mǎ, mǎ màn, māma mà mǎ.
妈妈骑马，马慢，妈妈骂马。

(2) Sì shì sì, shí shì shí
四是四，十是十

Sì shì sì, shí shì shí
四是四，十是十

shísì shì shísì, sìshí shì sìshí,
十四是十四，四十是四十，

shísì bú shì sìshí, sìshí bú shì shísì.
十四不是四十，四十不是十四。

(3) Dà tùzi hé dà dùzi
大兔子和大肚子

dà tùzi, dà dùzi, dà dùzi de dà tùzi,
大兔子，大肚子，大肚子的大兔子，

yào yǎo dà tùzi de dà dùzi.
要咬大兔子的大肚子。

(4) Pútáopír
葡萄皮儿

Chī pútáo, bù tǔ pútáopír,
吃葡萄，不吐葡萄皮儿，

bù chī pútáo, dǎo tǔ pútáopír.
不吃葡萄，倒吐葡萄皮儿。

(5) Sān shān chēng sì shuǐ
三山撑四水

Sān shān chēng sì shuǐ, sì shuǐ rào sān shān,
三山撑四水，四水绕三山，

sān shān sì shuǐ chūn cháng zài,
三山四水春常在，

sì shuǐ sān shān sì shí chūn
四水三山四时春

bú yào húluàn sī yí dì zhǐ.
不要胡乱撕一地纸。

(6) Sījī mǎi cíjī
司机买雌鸡

Sījī mǎi cíjī, zǐxì kàn cíjī,
司机买雌鸡，仔细看雌鸡，

sì zhī xiǎo cíjī, jījī hǎo huānxǐ, sījī xiào xīxī.
四只小雌鸡，叽叽好欢喜，司机笑嘻嘻。

(7) Dàchē lā xiǎochē
大车拉小车

Dàchē lā xiǎochē, xiǎochē lā xiǎo shítou,
大车拉小车，小车拉小石头，

shítou diào xiàlái, zá le xiǎojiǎozhǐtou.
石头掉下来，砸了小脚指头。

(8) Dà sǎozi hé dà xiǎozi
大嫂子和大小子

Yí ge dà sǎozi, yí ge dà xiǎozi.
一个大嫂子,一个大小子。

dà sǎozi gēn dà xiǎozi bǐ bāo jiǎozi,
大嫂子跟大小子比包饺子,

kàn shì dà sǎozi bāo de jiǎozi hǎo,
看是大嫂子包的饺子好,

háishì dà xiǎozi bāo de jiǎozi hǎo,
还是大小子包的饺子好,

zài kàn dà sǎozi bāo de jiǎozi shǎo,
再看大嫂子包的饺子少,

háishì dà xiǎozi bāo de jiǎozi shǎo。
还是大小子包的饺子少。

dà sǎozi bāo de jiǎozi yòu xiǎo yòu hǎo yòu bù shǎo,
大嫂子包的饺子又小又好又不少,

dà xiǎozi bāo de jiǎozi yòu xiǎo yòu shǎo yòu bù hǎo。
大小子包的饺子又小又少又不好。

발음연습 (국가명)

Hánguó
韩国
한국

Zhōngguó
中国
중국

Rìběn
日本
일본

Xīnjiāpō
新加坡
싱가포르

Tàiguó
泰国
태국

Yuènán
越南
베트남

Yìndù
印度
인도

Yīlǎng
伊朗
이란

Yīlākè
伊拉克
이라크

Měiguó
美国
미국

Jiānádà
加拿大
캐나다

Mòxīgē
墨西哥
멕시코

Àodàlìyà 澳大利亚 오스트레일리아		Xīnxīlán 新西兰 뉴질랜드	
Bāxī 巴西 브라질		Āgēntíng 阿根廷 아르헨티나	
Fǎguó 法国 프랑스		Déguó 德国 독일	
Yīngguó 英国 영국		Ruìshì 瑞士 스위스	
Ruìdiǎn 瑞典 스웨덴		Xībānyá 西班牙 스페인	
Āijí 埃及 이집트		Móluògē 摩洛哥 모로코	
Nánfēi 南非 남아프리카공화국		Kāmàilóng 喀麦隆 카메룬	

발음연습 (외래어)

1. 음역어(音译语)

Kěkǒukělè
可口可乐
코카콜라

Bǎishìkělè
百事可乐
펩시콜라

qiǎokèlì
巧克力
초코렛

kāfēi
咖啡
커피

bùdīng
布丁
푸딩

bāshì
巴士
버스

díshì
的士
택시

Shǒu'ěr
首尔
서울

shāfā
沙发
소파

yōumò
幽默
유머

② 의역어(意译语)

diànnǎo 电脑 컴퓨터 	**diànshì** 电视 텔레비전 	
jiànpán 键盘 키보드 	**diànzǐyóujiàn** 电子邮件 이메일 	
shǔbiāo 鼠标 마우스 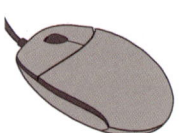	**règǒu** 热狗 핫도그 	
huáxuě 滑雪 스키 	**huábīng** 滑冰 스케이트 	
guǒzhī 果汁 쥬스 	**chuánzhēn** 传真 팩스 	

3. 음역+의역어(音译+意译语)

Xīngbākè
星吧克
스타벅스

kǎpiàn
卡片
카드

hànbǎobāo
汉堡包
햄버거

mínǐqún
迷你裙
미니스커트

píjiǔ
啤酒
맥주

sāngnáyù
桑那浴
사우나

bǎolíngqiú
保龄球
볼링

jiǔbā
酒吧
술집

Kāfēipéinǐ
咖啡陪你
Cafe bene

Bālíbèitián
巴黎贝甜
PARIS BAGUETTE

양안관계와 중국어

제2차 국공내전(1947~1949) 이후 장제스(蔣介石)가 이끈 국민당은 중국 공산당에 완전히 패퇴하여 타이완 섬에서 중화민국을 수립하게 되고, 중국 본토에서는 마오쩌둥(毛泽东)이 이끈 공산당이 중화인민공화국을 수립하게 됩니다. 이후 타이완 해협을 사이에 둔 서안(대륙)과 동안(타이완)이 서로 마주보고 있는 것에서 명명된 양안관계(兩岸關係)는 분단 이후 오랫동안 교류 단절과 양국 간의 이념 대립으로 인하여 문화적·정치적인 이질화가 심화되었습니다. 결국, 홍콩의 반환(1997년 7월 1일)으로 현재에는 전 세계에서 타이완만이 번체를 사용하는 유일한 나라가 되었는데, 이러한 간체와 번체를 통하여 소원한 양안관계를 엿볼 수 있습니다.

|그림| 타이완의 번체 자판

중국인민공화국 수립 이후 중국 공산당이 추진한 문맹퇴치운동의 일환으로 시작된 단일 문자체제 즉 간체자 및 보통화의 보급은 타이완과 관련된 정치적인 의도 그리고 전통문화 훼손 등의 논란도 있지만, '언어의 경제성(the economy of language)'이라는 측면에서는 간체에 의한 한자의 간소화(simplification)는 중국어의 세계화에 기여한 바가 크다고 평가할 수도 있습니다.

제1과

你好!
안녕하세요!

물류 노트 물류의 6대 기능

제1과 你好!

왕사장 : **你好!**
Nǐ hǎo.

김과장 : **您好!**
Nín hǎo.

왕사장 : **好久不见!**
Hǎojiǔbújiàn.

김과장 : **好久不见!**
Hǎojiǔbújiàn.

왕사장 : **再见!**
Zàijiàn.

김과장 : **再见!**
Zàijiàn.

김과장 : **谢谢!**
Xièxie.

왕사장 : **不客气!**
Búkèqi.

안녕하세요!

김과장 : **对不起!**
Duìbuqǐ.

왕사장 : **没关系!**
Méiguānxi

본문 해석

왕사장 : 안녕하세요!
김과장 : 안녕하세요!

왕사장 : 오랜만입니다!
김과장 : 오랜만입니다!

왕사장 : (헤어질 때) 안녕!
김과장 : (헤어질 때) 안녕!

김과장 : 고맙습니다.
왕사장 : 별말씀을요.

김과장 : 미안합니다.
왕사장 : 괜찮습니다.

새로운 단어

你	대	nǐ	너, 당신
您	대	nín	당신(2인칭 존칭 표현)
好	형	hǎo	좋다. 건강하다. 안녕하다.
见	동	jiàn	보다. 만나다.
再见		zàijiàn	(헤어질 때) 안녕
好久不见		hǎojiǔbújiàn	오래간만이에요.
谢谢		xièxie	감사합니다.
客气		kèqi	겸손하다. 사양하다.
关系	명	guānxi	관계
不	부	bù	(동사나 형용사 앞에서) 부정을 나타냄

★ 어법 포인트

1 인칭대명사 : 사람을 지칭하는 단어를 '인칭대명사'라고 한다.

	단수	복수
1인칭	我 wǒ 나	我们 wǒmen 우리들
2인칭	你 nǐ 너, 당신 您 nín 당신(존칭)	你们 nǐmen 당신들
3인칭	他 tā 그 她 tā 그녀 它 tā 그것	他们 tāmen 그들 她们 tāmen 그녀들 它们 tāmen 그것들

2 형용사술어문 : 형용사가 술어로 쓰인 문장을 말한다.

① 你好! 안녕하세요!
　Nǐ hǎo!

② 你们好! 여러분 안녕하세요!
　Nǐmen hǎo!

형용사가 단독으로 술어로 쓰일 경우 형용사 앞에 정도부사 '很'을 붙여 '很+형용사' 구조로 쓰는데, 이때 '很'은 약하게 읽고 '매우'라는 의미가 두드러지지 않는다.

③ 我很好。 나는 잘 지낸다.
　Wǒ hěn hǎo.

④ 他很忙。 그는 바쁘다.
　　Tā hěn máng.

만약 '매우'라는 의미를 강조할 경우 의도적으로 '很'을 강하게 읽는다.

⑤ 他很帅。 그는 매우 잘생겼다.
　　Tā hěn shuài.

⑥ 她很漂亮。 그녀는 매우 예쁘다.
　　Tā hěn piàoliang.

부정형식은 일반적으로 형용사 앞에 '不'를 쓴다.

③´ 我很好。　　➡　　我不好。
　　Wǒ hěn hǎo.　　　　Wǒ bù hǎo.

④´ 他很忙。　　➡　　他不忙。
　　Tā hěn máng.　　　　Tā bù máng.

⑤´ 他很帅。　　➡　　他不帅。
　　Tā hěn shuài.　　　　Tā bú shuài.

⑥´ 她很漂亮。　　➡　　她不漂亮。
　　Tā hěn piàoliang.　　　Tā bú piàoliang.

물류의 6대 기능

물류는 일반적으로 운송(수배송)과 보관이라고 하는 주요 기능과 함께, 포장, 하역, 유통가공 등의 5대 기능으로 구성되어 있습니다. 또한, 이러한 개별 기능은 서로 유기적으로 연계되어 있는데, 최근에는 정보·통신 등의 IT기술이 급속도로 발달되어 전통적인 물류의 5대 기능을 보완하여 소비자를 상대로 높은 서비스 만족도를 제공하고 있습니다. '정보처리 기능'을 중심으로 한 물류의 6대 기능은 옆 그림과 같습니다.

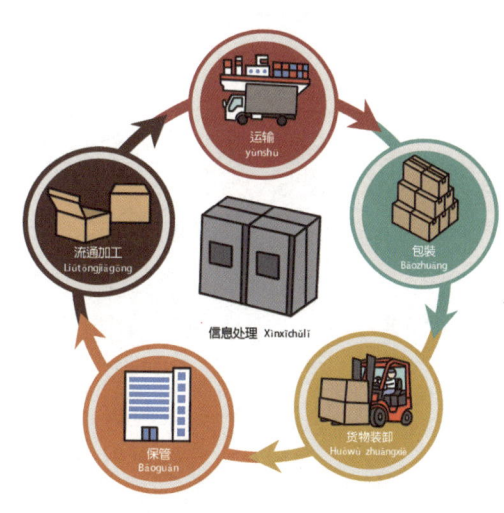

|그림| 물류의 6대 기능

운송(수배송)	运输 yùnshū	**포장**	包装 Bāozhuāng
하역	货物装卸 Huòwù zhuāngxiè	**정보처리**	信息处理 Xìnxī chǔlǐ
보관	保管 Bǎoguǎn	**유통가공**	流通加工 Liútōng jiāgōng

- **운송(수배송):** 물품을 제공자로부터 수급자로 운반하는 기능
- **유통가공:** 입하 시의 원상태에서 고객의 요구에 따라 출하시의 가공상태로 처리하는 기능
- **포장:** 제품의 파손을 방지하기 위하여 포장하는 기능
- **보관:** 재고를 보관하고 필요한 때에 필요한 양을 출하하는 기능
- **하역:** 창고나 물류센터 내외에서 물품을 운반하는 기능
- **정보처리:** 물류시스템, 고객정보 등에 관한 다양한 정보를 관리하는 기능

제2과

您贵姓?

당신은 성이 무엇입니까?

물류 노트 중국의 소수민족 분포

제2과 您贵姓？

김과장 : 您好！您贵姓？
Nín hǎo! Nín guì xìng?

왕사장 : 你好！我姓王。
Nǐ hǎo! Wǒ xìng Wáng.

你叫什么名字？
Nǐ jiào shénme míngzi?

김과장 : 我叫金永水。认识您，很高兴。
Wǒ jiào Jīn Yǒngshuǐ. Rènshi nín, hěn gāoxìng.

왕사장 : 认识你，我也很高兴。
Rènshi nǐ, wǒ yě hěn gāoxìng.

당신은 성이 무엇입니까?

왕사장 : 他是谁?
Tā shì shéi?

김과장 : 他是我的同事。
Tā shì wǒ de tóngshì.

왕사장 : 他姓什么?
Tā xìng shénme?

김과장 : 他姓朴。
Tā xìng Piáo.

본문 해석

김과장 : 안녕하세요? 당신은 성이 무엇입니까?
왕사장 : 안녕하세요. 나는 성이 왕씨입니다.
당신은 이름이 무엇입니까?
김과장 : 저는 김영수입니다. 만나서 기쁩니다.
왕사장 : 만나서 저도 기쁩니다.
그는 누구입니까?
김과장 : 그는 제 회사동료입니다.
왕사장 : 그는 성이 무엇입니까?
김과장 : 그는 성이 박씨입니다.

새로운 단어

贵	형	guì	높다. 비싸다. 귀하다.
姓	동	xìng	성이…이다.
叫	동	jiào	부르다
什么	의문	shénme	무엇. 무슨. 어떤. 어느
名字	명	míngzi	성과 이름. 이름. 명칭
认识	동	rènshi	알다. 인식하다.
高兴	형	gāoxìng	기쁘다. 즐겁다. 신나다.
很	부	hěn	매우. 아주. 잘
也	부	yě	…도
是	동	shì	…이다
谁	의문	shuí(shéi)	누구
的	조사	de	관형어 뒤에 쓰여 관형어와 중심어가 수식관계임을 나타냄
同事	명	tóngshì	동료
金永水	고명	Jīn Yǒngshuǐ	김영수
朴	성(姓)	Piáo	박
王	성(姓)	Wáng	왕

★ 어법 포인트

1 동사술어문 : 동사가 술어로 쓰인 문장을 말한다.

① 我叫金永水。 내 이름은 김영수이다.
　 Wǒ jiào Jīn Yǒngshuǐ.

② 他是我的同学。 그는 나의 학우이다.
　 Tā shì wǒ de tóngxué.

대부분의 동사는 목적어를 수반할 수 있는데, 중국어의 기본 어순은 SVO 구조로 다음과 같다.

> S(주어)+V(동사)+O(목적어)

③ 我去中国。 나는 중국에 간다.
　 Wǒ qù Zhōngguó.

④ 我们吃饭。 우리는 밥을 먹는다.
　 Wǒmen chī fàn.

부정형식은 일반적으로 동사 앞에 '不'를 쓴다.

⑤ 我看书。　　➡　　我不看书。
　 Wǒ kàn shū.　　　　Wǒ bú kàn shū.

⑥ 他写字。　　➡　　他不写字。
　 Tā xiě zì.　　　　　Tā bù xiě zì.

2 의문사의문문 : 의문사가 사용된 의문문을 말한다. 의문대명사가 의문을 나타내므로 문미에 다시 '吗'를 쓰면 안 된다.

① 你叫什么名字? 너는 이름이 뭐니?
   Nǐ jiào shénme míngzi?

② 他是谁? 그는 누구니?
   Tā shì shuí(shéi)?

③ 这是什么? 이것은 무엇이니?
   Zhè shì shénme?

④ 你去哪儿? 너 어디 가니?
   Nǐ qù nǎr?

3 구조조사 '的' : 관형어가 뒤에 위치한 명사성 성분을 수식할 때 관형어와 중심어 사이에 때때로 '的'를 사용하며, 이때 '的'는 소유나 종속 관계를 나타낸다.

① 我的老师 나의 선생님
   wǒ de lǎoshī

② 他的朋友 그의 친구
   tā de péngyǒu

③ 我的书 내 책
   wǒ de shū

④ 她的名片 그녀의 명함
   tā de míngpiàn

만약 중심어가 사람에 대한 호칭이나 단체나 기관 명칭이라면 인칭대명사 뒤에 '的'를 생략할 수 있다.

⑤ **我妈妈** 내 엄마
　wǒ māmā

⑥ **我们学校** 우리 학교
　wǒmen xuéxiào

⑦ **你们公司** 당신 회사
　nǐmen gōngsī

⑧ **我们国家** 우리나라
　wǒmen guójiā

중국의 소수민족 분포

중국은 최대 다수민족인 한족과 55개의 소수민족으로 이루어진 다민족국가입니다. 한족이 중국 전체 인구의 90% 이상을 차지하고 있고 나머지는 55개 소수민족이 차지합니다. 인구수로는 불과 10%에 미치지 못하지만, 소수민족이 차지하는 국토 면적은 중국 전체의 60%에 달한다고까지 합니다.

구체적으로 55개 소수민족에는 좡족(壯族), 만주족(滿族), 후이족(回族), 먀오족(苗族), 위구르족(維吾爾族), 몽골족(蒙古族), 조선족(朝鮮族) 등이 있는데, 이 중 1,000만 명 이상의 인구를 가진 민족은 남부 지역의 좡족, 동북부 지역의 만주족, 서부지역의 후이족이 대표적이라고 할 수 있습니다.

|표| 인구 순으로 나열한 중국의 소수민족

민족명			인구
汉族	Hànzú	한족	1,182,950,000
壮族	Zhuàngzú	좡족	16,178,811
满族	Mǎnzú	만주족	10,682,263
回族	Huízú	후이족	9,816,802
苗族	Miáozú	먀오족	8,940,116
维吾尔族	Wéiwú'ěrzú	위구르족	8,399,393
土家族	Tǔjiāzú	투자족	8,028,133
彝族	Yízú	이족	7,762,286
蒙古族	Ménggǔzú	몽골족	5,813,947
藏族	Zàngzú	짱족	5,516,021
布依族	Bùyīzú	부이족	2,971,460
侗族	Dòngzú	둥족	2,960,293
瑶族	Yáozú	야오족	2,637,421
朝鲜族	Cháoxiǎnzú	조선족	1,923,842
白族	Báizú	바이족	1,858,063
哈尼族	Hānízú	하니족	1,439,673
哈萨克族	Hāsàkèzú	카자흐족	1,250,458
黎族	Lízú	리족	1,247,814
傣族	Dǎizú	다이족	1,158,989

* 2000년 제5차 인구 센서스 결과
(2000년 이후 전국조사를 한 적이 없다)

또한, 우리민족과 밀접한 관계에 있는 조선족은 연변을 중심으로 190만 명가량이 거주하고 있는데, 최근 한국의 경제성장과 한류 붐의 영향으로 80만 명 가량의 조선족이 한국에 이주하여 살고 있습니다.

제3과

你是哪国人?

당신은 어느 나라 사람입니까?

물류 노트 '세계의 시장', 중국

제3과 你是哪国人？

정비서 : 你是哪国人？
Nǐ shì nǎ guó rén?

김과장 : 我是韩国人，你呢？
Wǒ shì Hánguó rén, nǐ ne?

정비서 : 我是中国人。他也是韩国人吗？
Wǒ shì Zhōngguó rén. Tā yě shì Hánguó rén ma?

김과장 : 他不是韩国人，他是日本人。
Tā bú shì Hánguó rén, tā shì Rìběn rén.

당신은 어느 나라 사람입니까?

정비서 : **你做什么工作？**
　　　　 Nǐ zuò shénme gōngzuò?

김과장 : **我在物流公司工作，你呢？**
　　　　 Wǒ zài wùliú gōngsī gōngzuò, nǐ ne?

정비서 : **我在海运公司工作。**
　　　　 Wǒ zài hǎiyùn gōngsī gōngzuò

본문 해석

정비서 : 당신은 어느 나라 사람입니까?
김과장 : 저는 한국인입니다. 당신은요?
정비서 : 저는 중국인입니다. (다른 직원을 가리키며) 그도 한국인입니까?
김과장 : 그는 한국인이 아니고, 그는 일본사람입니다.
정비서 : 당신은 무슨 일을 합니까?
김과장 : 나는 물류회사에서 일합니다. 당신은요?
정비서 : 나는 해운회사에서 일합니다.

새로운 단어

哪	의문	nǎ	어느. 어떤. 무엇
国	명	guó	나라. 국가
人	명	rén	사람
韩国	고명	Hánguó	한국
中国	고명	Zhōngguó	중국
日本	고명	Rìběn	일본
吗	어기	ma	문장 끝에 쓰여 의문의 어기를 나타냄
呢	어기	ne	문장 끝에 쓰여 의문의 어기를 나타냄
做	동	zuò	하다. 만들다. 종사하다.
工作	동 명	gōngzuò	일하다. 작업하다/직업. 일. 업무
在	전치	zài	…에(서). …에 있어서
物流	명	wùliú	물류
海运	명	hǎiyùn	해운
公司	명	gōngsī	회사

★ 어법 포인트

1 '呢' 의문문 : 일정한 담화맥락 속에서 명사(구) 혹은 대명사 뒤에 '呢'를 사용하여 의문을 나타내는 문장을 말한다.

① 我是韩国人，你呢? 나는 한국인이다, 너는?
　 Wǒ shì Hánguó rén, nǐ ne?
② 我的爸爸很好，你的爸爸呢? 나의 아버지는 잘 지내셔, 너희 아버지는?
　 Wǒ de bàba hěn hǎo, nǐ de bàba ne?
③ 他要啤酒，你呢? 그는 맥주를 원해, 너는?
　 Tā yào píjiǔ, nǐ ne?
④ 我的书在这儿，你的书呢? 내 책은 여기 있어, 너의 책은?
　 Wǒ de shū zài zhèr, nǐ de shū ne?

2 판단의문문 : 응답자가 긍정 혹은 부정의 대답을 하도록 묻는 의문문으로, 문미에 대부분 어기사 '吗'를 쓴다.

① 你是中国人吗? 너는 중국인이니?
　 Nǐ shì Zhōngguó rén ma?
② 你身体好吗? 너는 건강하니?
　 Nǐ shēntǐ hǎo ma?

'吗'가 쓰인 판단의문문에 대해 대답할 때에는 '是的', '对', '不' 등 질문에 대한 긍정 혹은 부정 표현을 쓰면 된다.

③ Q : 她是你们的老师吗? 그녀는 너희들의 선생님이니?
　　　　Tā shì nǐmen de lǎoshī ma?

　A : (긍정) 是，她是我们的老师。Shì, tā shì wǒmen de lǎoshī.

　　　(부정) 不，她不是我们的老师。Bù, tā bú shì wǒmen de lǎoshī.

④ Q : 你忙吗? 너는 바쁘니?
　　　　Nǐ máng ma?

　A : (긍정) 对，我很忙。Duì, wǒ hěn máng.

　　　(부정) 不，我不忙。Bù, wǒ bù máng.

3 전치사 '在' : 전치사 '在'는 뒤에 장소를 나타내는 명사와 함께 '在'자 전치사구를 구성한다. '在'자 전치사구는 동사 앞에 출현하여 부사어로 쓰이며, 동작이 진행되거나 발생하는 장소를 나타낸다.

S+[在+명사성어구]+V

① 我在汽车公司工作。나는 자동차 회사에서 일한다.
　 Wǒ zài qìchē gōngsī gōngzuò.

② 我在中国学汉语。나는 중국에서 중국어를 공부한다.
　 Wǒ zài Zhōngguó xué Hànyǔ.

③ 他在食堂吃饭。그는 식당에서 밥을 먹는다.
　 Tā zài shítáng chī fàn.

④ 她在商店买东西。그녀는 상점에서 물건을 산다.
　 Tā zài shāngdiàn mǎi dōngxi.

'세계의 시장', 중국

　　불과 10년 전만 해도 '세계의 공장'이라는 별칭이 붙었던 중국이 급속한 경제규모의 성장과 소비층의 질적·양적 증가로 인하여, 이제는 '세계의 시장'으로 변모하고 있습니다. 2015년~2020년 중국의 소비시장은 평균 9%의 건실한 성장률을 이룰 것으로 예상, 향후 5년 이내에 약 6조 5천 억 달러 규모의 거대 소비시장이 될 것으로 예측됩니다.

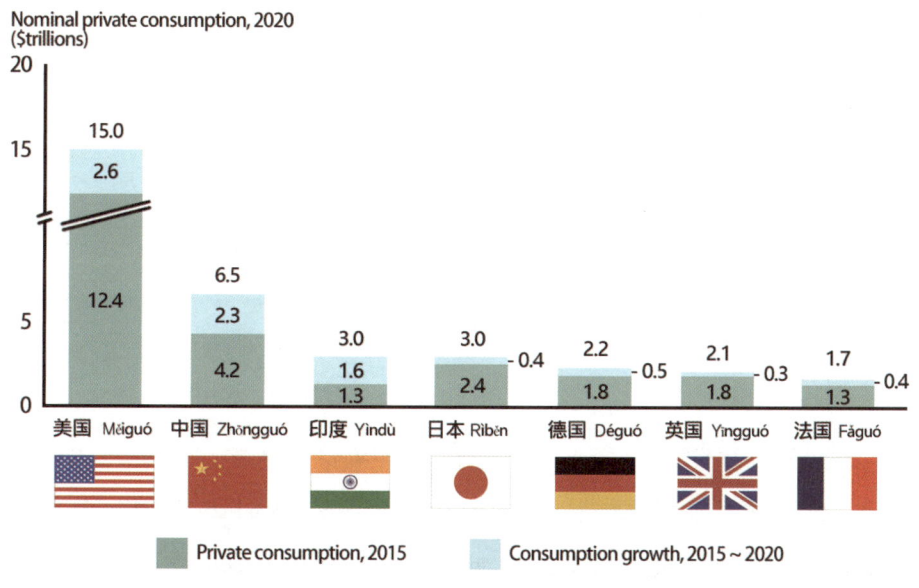

|그림| The New China Playbook, 2016(阿里研究院)

　　또한, 한국의 수출대상 상위 10개국을 살펴보면, 중국이 압도적으로 1위를 차지하고 있어, 한국의 중국시장 의존도는 앞으로도 더욱더 심화될 것으로 예측됩니다.

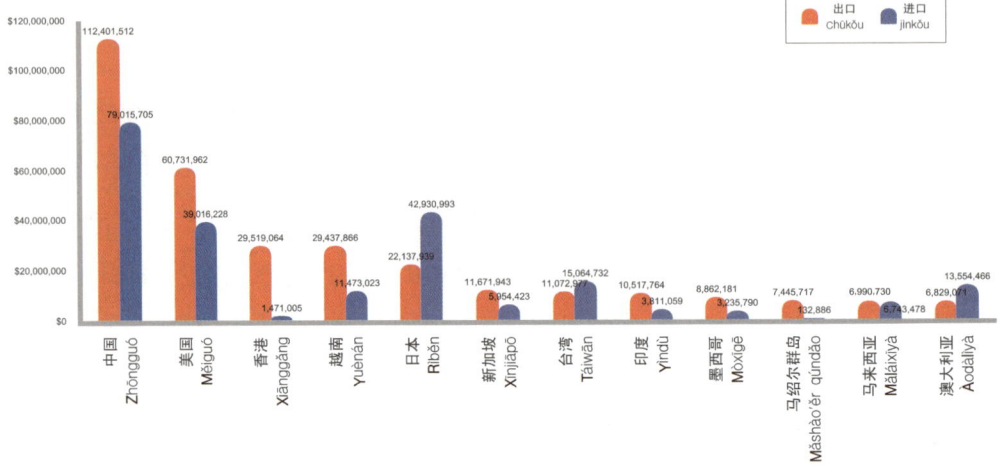

www.kita.net(2016년. 11월)

|그림| 한국의 수출대상국

중국	中国 Zhōngguó	미국	美国 Měiguó
홍콩	香港 Xiānggǎng	베트남	越南 Yuènán
일본	日本 Rìběn	싱가포르	新加坡 Xīnjiāpō
대만	台湾 Táiwān	인도	印度 Yìndù
멕시코	墨西哥 Mòxīgē	마셜제도	马绍尔群岛 Mǎshào'ěr qúndǎo
말레이시아	马来西亚 Mǎláixīyà	호주	澳大利亚 Àodàlìyà
수출	出口 chūkǒu	수입	进口 jìnkǒu

제4과

你今年多大年纪?

당신은 올해 몇 살입니까?

물류 노트 스마트물류

제4과 你今年多大年纪？

장비서: **你今年多大年纪？**
Nǐ jīnnián duōdà niánjì?

김과장: **我今年三十五岁，你呢？**
Wǒ jīnnián sānshíwǔ suì, nǐ ne?

장비서: **我今年二十七岁。你有孩子吗？**
Wǒ jīnnián èrshíqī suì. Nǐ yǒu háizi ma?

김과장: **我有一个儿子和一个女儿。**
Wǒ yǒu yí ge érzi hé yí ge nǚ'ér.

당신은 올해 몇 살입니까?

장비서 : **你的儿子几岁?**
Nǐ de érzi jǐ suì?

김과장 : **四岁。**
Sì suì

장비서 : **你的女儿几岁?**
Nǐ de nǚ'ér jǐ suì?

김과장 : **两岁。**
Liǎng suì.

본문 해석

장비서 : 당신은 올해 몇 살입니까?
김과장 : 저는 올해 35살입니다. 당신은요?
장비서 : 저는 올해 27살입니다. 당신은 아이가 있습니까?
김과장 : 저는 아들 하나와 딸 하나가 있습니다.
장비서 : 아들은 몇 살입니까?
김과장 : 4살입니다.
장비서 : 딸은 몇 살입니까?
김과장 : 2살입니다.

새로운 단어

今年	명	jīnnián	올해. 금년
多	부	duō	얼마나(의문문에 쓰여 정도를 나타냄)
大	형	dà	크다. 첫째. 맏이
年纪	명	niánjì	나이. 연령
几	수	jǐ	몇(주로 10 이하의 확실치 않은 수를 물을 때 사용함)
岁	명	suì	살. 세(연령을 세는 단위)
有	동	yǒu	있다(존재). 가지고 있다(소유)
孩子	명	háizi	애. 어린이. 자녀
个	양	ge(gè)	개. 사람. 명(개개의 사람이나 사물에 두루 쓰임)
儿子	명	érzi	아들
女儿	양	nǚ'ér	딸
一、二、三、四、五、六、七、八、九、十	수	yī, èr, sān, sì, wǔ, liù, qī, bā, jiǔ, shí	
两	수	liǎng	둘. 2(주로 짝을 이루는 사물이나 양사 앞에 쓰임)

★ 어법 포인트

1 나이 묻기 : 상대방의 연령에 따라 나이를 묻는 표현이 서로 다르다.

① 아이들의 나이를 물을 때 : **你几岁?** Nǐ jǐ suì?

② 젊은 사람의 나이를 물을 때 : **你多大?** Nǐ duōdà?

③ 윗사람이나 어른의 연세를 물을 때 : **您多大年纪? = 您多大岁数?**
　　　　　　　　　　　　　　　　　　 Nín duōdà niánjì? = Nín duōdà suìshù?

2 양사 '个' : 사람·사물이나 동작의 수량 단위를 나타내는 단어를 양사라고 한다. 그 중 '个'의 사용범위가 가장 광범하며 많은 명사와 함께 쓰일 수 있다.

양사가 수사, 명사와 함께 출현할 때 기본 어순은 다음과 같다.

수사 + 양사 + 명사

① **一个人** 한 사람
　yí ge rén

② **一个工厂** 공장 하나
　yí ge gōngchǎng

③ **一个想法** 견해 하나
　yí ge xiǎngfǎ

④ **一个习惯** 습관 하나
　yí ge xíguàn

이외에 자주 사용되는 양사를 살펴보면 다음과 같다.

양사	용법	예시
本 běn	도서류	一本书 yì běn shū 两本词典 liǎng běn cídiǎn 三本杂志 sān běn zázhì
张 zhāng	평평한 물건	一张床 yì zhāng chuáng 两张桌子 liǎng zhāng zhuōzi 三张纸 sān zhāng zhǐ
把 bǎ	손잡이가 달린 기구	一把椅子 yì bǎ yǐzi 两把伞 liǎng bǎ sǎn 三把刀 sān bǎ dāo
条 tiáo	긴 물건으로 구부릴 수 있는 것	一条河 yì tiáo hé 两条路 liǎng tiáo lù 三条领带 sān tiáo lǐngdài
双 shuāng	(쌍을 이루는 것에 쓰임) 쌍, 켤레	一双手 yì shuāng shǒu 两双袜子 liǎng shuāng wàzi 三双筷子 sān shuāng kuàizi
对 duì	(짝을 이룬 것이 쓰임) 짝, 쌍	一对夫妻 yí duì fūqī 两对花瓶 liǎng duì huāpíng 三对鸽子 sān duì gēzi
套 tào	(세트를 이룬 것에 쓰임) 세트, 벌, 조	一套房子 yí tào fángzi 两套书 liǎng tào shū 三套邮票 sān tào yóupiào
次 cì	반복 출현하는 동작에 쓰임	看过两次 kànguo liǎng cì
遍 biàn	처음부터 끝까지의 전체 과정에 쓰임	再看一遍 zài kàn yí biàn
趟 tàng	왕복 동작에 쓰임	去了(一)趟上海 qùle (yí) tàng Shànghǎi

3 부정문 : 부정부사 '不'나 '没'를 동사나 형용사 앞에 사용하여 부정을 나타낸다.
동사 '有'는 '没'로만 부정할 수 있다.

① 我是韩国人。　➡　我不是韩国人。
　 Wǒ shì Hánguó rén.　　Wǒ bú shì Hánguó rén.

② 我吃饭。　➡　我不吃饭。
　 Wǒ chī fàn.　　Wǒ bù chī fàn.

③ 我很好。　➡　我不好。
　 Wǒ hěn hǎo.　　Wǒ bù hǎo.

④ 我有中国朋友。　➡　我没有中国朋友。
　 Wǒ yǒu Zhōngguó péngyǒu.　　Wǒ méi yǒu Zhōngguó péngyǒu

4 숫자 손동작 : 중국어에는 1~10까지의 숫자를 표시하는 손동작이 있다.

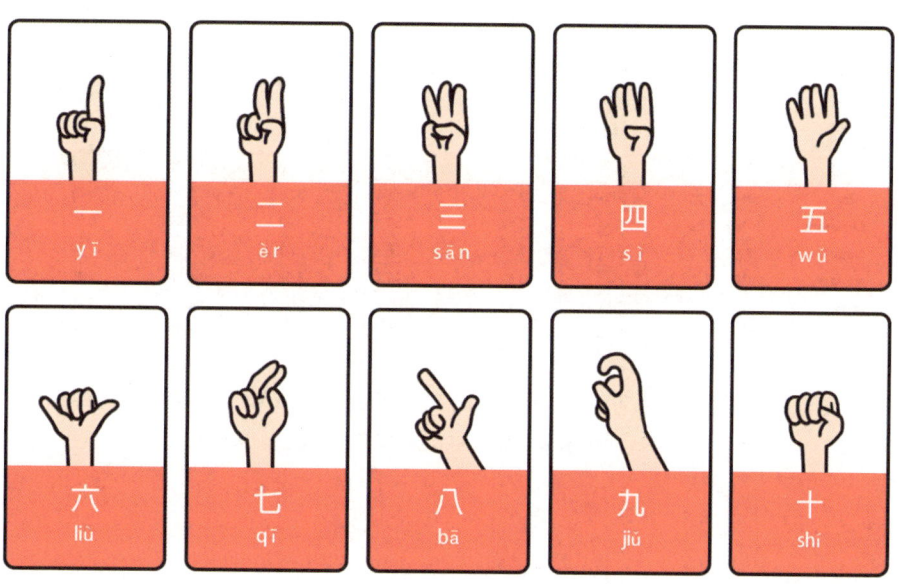

一 yī　二 èr　三 sān　四 sì　五 wǔ
六 liù　七 qī　八 bā　九 jiǔ　十 shí

스마트물류

중국의 물류 운영능력은 현 경제규모에 비하여 그다지 높지 않은 효율성을 발휘하고 있는 것이 사실입니다. 한 국가의 물류 효율성을 통관(Customs), 시설(Infrastructure), 국제배송(International shipments), 물류역량(Logistics competence), 배송추적(Tracking & tracing), 적시성(Timeliness) 등의 여섯 가지 항목으로 평가하는 '물류효율성지표(LPI, Logistics Performance Index)'에서 중국은 27위를 기록하고 있습니다.

Country	Year	LPI Rank	LPI Score	Customs	Infrastructure	International shipments	Logistics competence	Tracking & tracing	Timeliness
France	2016	16	3.90	3.71	4.01	3.64	3.82	4.02	4.25
Denmark	2016	17	3.82	3.82	3.75	3.66	4.01	3.74	3.92
Ireland	2016	18	3.79	3.47	3.77	3.83	3.79	3.98	3.94
Australia	2016	19	3.79	3.54	3.82	3.63	3.87	3.87	4.04
South Africa	2016	20	3.78	3.60	3.78	3.62	3.75	3.92	4.02
Italy	2016	21	3.76	3.45	3.79	3.65	3.77	3.86	4.03
Norway	2016	22	3.73	3.57	3.95	3.62	3.70	3.82	3.77
Spain	2016	23	3.73	3.48	3.72	3.63	3.73	3.82	4.00
Korea, Rep.	2016	24	3.72	3.45	3.79	3.58	3.69	3.78	4.03
Taiwan	2016	25	3.70	3.23	3.57	3.57	3.95	3.59	4.25
Czech Republic	2016	26	3.67	3.58	3.36	3.65	3.65	3.84	3.94
China	2016	27	3.66	3.32	3.75	3.70	3.62	3.68	3.90
Israel	2016	28	3.66	3.50	3.49	3.38	3.60	3.72	4.27
Lithuania	2016	29	3.63	3.42	3.57	3.49	3.49	3.68	4.14
Qatar	2016	30	3.60	3.55	3.57	3.58	3.54	3.50	3.83
Hungary	2016	31	3.43	3.02	3.48	3.44	3.35	3.40	3.88
Malaysia	2016	32	3.43	3.17	3.45	3.48	3.34	3.46	3.65
Poland	2016	33	3.43	3.27	3.17	3.44	3.39	3.46	3.80

|그림| 2016년도 LPI(Logistics Performance Index) 순위,
The world Bank(http://worldbank.org)

　그러나 첨단 IT기술을 활용하는 스마트물류 분야에서는 중국이 세계시장을 주도하고 있다고 해도 과언이 아닙니다. 낙후됐던 물류현장에 바코드, RFID(Raid Frequency Identification) 등을 활용하여 상품정보를 인식시키고, 초고속 인터넷 기반의 사물인터넷(IoT) 기술, GPS 정보를 다양한 플랫폼에서 응용하고 있습니다. 이러한 스마트물류는 기존 낙후된 중국 물류현장의 선진화에 큰 역할을 담당하고 있으며, 중국물류의 효율성 제고에 크게 기여하고 있다고 할 수 있습니다.

|그림| 타오바오(TaoBao.com)의 드론 배달 서비스

MEMO

제5과

现在几点?

지금 몇 시입니까?

물류 노트 와이마이(外卖)

제5과

现在几点？

김과장 : **现在几点？**
Xiànzài jǐ diǎn?

장비서 : **现在两点。**
Xiànzài liǎng diǎn.

김과장 : **你几点上班？**
Nǐ jǐ diǎn shàngbān?

장비서 : **上午九点上班。**
Shàngwǔ jiǔ diǎn shàngbān.

김과장 : **几点下班？**
Jǐ diǎn xiàbān?

장비서 : **下午五点下班。**
Xiàwǔ wǔ diǎn xiàbān.

지금 몇 시입니까?

김과장 : **今天几月几号?**
Jīntiān jǐ yuè jǐ hào?

장비서 : **四月五号。**
Sì yuè wǔ hào.

김과장 : **星期几?**
xīngqī jǐ?

장비서 : **星期四。**
xīngqīsì.

> **본문 해석**

김과장 : 지금 몇 시입니까?
장비서 : 지금 2시입니다.
김과장 : 당신은 몇 시에 출근합니까?
장비서 : 오전 9시에 출근합니다.
김과장 : 몇 시에 퇴근합니까?
장비서 : 오후 5시에 퇴근합니다.
김과장 : 오늘은 몇 월 몇 일입니까?
장비서 : 4월 5일입니다.
김과장 : 무슨 요일입니까?
장비서 : 목요일입니다.

새로운 단어

现在	명	xiànzài	현재. 지금
点	명 양	diǎn	시
上班	동	shàngbān	출근하다.
下班	동	xiàbān	퇴근하다.
上午	명	shàngwǔ	오전
下午	명	xiàwǔ	오후
今天	명	jīntiān	오늘. 금일
月	명 양	yuè	월. 달
号	명	hào	일.
星期	명	xīngqī	요일

★ 어법 포인트

1 시간 표현

한국어의 '시'와 '분'을 중국어로 각각 '点'과 '分'으로 표현한다. 시각을 나타내는 숫자를 '点'과 '分' 앞에 붙여준다. 주의할 점은 2시를 중국어로 나타낼 때는 '二点'이 아니라 '两点'이라고 해야 한다. 그러나 12시는 '十两点'이 아니라 '十二点'이라고 말한다. 십 분 미만의 시간은 숫자 앞에 '零'을 붙이는 것이 좋다.

① 2:10 两点十分 liǎng diǎn shí fēn
② 12:05 十二点零五分 shí'èr diǎn líng wǔ fēn

정각을 나타낼 때는 '整'을 붙이기도 한다.

③ 4:00 四点整 sì diǎn zhěng
④ 8:00 八点整 bā diǎn zhěng

30분을 나타낼 때는 '半'을 쓰기도 한다.

⑤ 10:30 十点三十分 shí diǎn sānshí fēn
　　　　 十点半 shí diǎn bàn

15분을 나타낼 때는 '刻 kè'를 쓰기도 하는데, 15분은 '一刻'로, 45분은 '三刻'로 표현한다.

⑥ 3:15 三点十五分 = 三点一刻
　　　　sān diǎn shíwǔ fēn　　　sān diǎn yí kè

⑦ 11:45 十一点四十五分 = 十一点三刻
　　　　shíyī diǎn sìshíwǔ fēn　　shíyī diǎn sān kè

'~전'은 '差 chà'를 써서 나타낸다.

⑧ 11:55 差五分十二点 = 十一点五十五分
　　　　chà wǔ fēn shí'èr diǎn　　shíyī diǎn wǔshíwǔ fēn

⑨ 01:45 一点四十五分 = 一点三刻 = 差十五分两点
　　　　yī diǎn sìshíwǔ fēn　 yī diǎn sān kè　chà shíwǔ fēn liǎng diǎn

2 날짜 표현

한국어에서는 '2016년 9월 15일 목요일'의 순서로 표현하는데, 중국어에서도 '**二零一六年九月十五号星期四**'와 같이 년·월·일·요일의 순서로 표현한다.
èr líng yī liù nián jiǔ yuè shíwǔ hào xīngqīsì

(1) 연 : 천, 백, 십 등과 같은 단위를 빼고 숫자만 읽은 후 '年'을 붙인다.

　　2005年　二零零五年　èr líng líng wǔ nián
　　2020年　二零二零年　èr líng èr líng nián

(2) 월 : 수사 1~12 뒤에 '月' yuè를 붙인다.

二月	七月	十月	十二月
èr yuè	qī yuè	shí yuè	shí'èr yuè

(3) 일 : 수사 뒤에 '号' hào를 붙인다. 서면어에서는 '号' 대신 일반적으로 '日' rì를 사용한다.

一号	二号	三号	十二号
yī hào	èr hào	sān hào	shí'èr hào
十九号	二十号	二十二号	三十号
shíjiǔ hào	èrshí hào	èrshí'èr hào	sānshí hào

(4) 요일 : 1~6까지의 수사 뒤에 요일을 나타내는 '星期'를 붙여 월요일부터 토요일까지를 나타낸다. 일요일은 '星期' 뒤에 '天' 혹은 '日'를 붙인다. '星期' 대신 '礼拜'나 '周'를 사용하기도 한다.

월요일	星期一 xīngqīyī	礼拜一 lǐbài yī	周一 zhōuyī
화요일	星期二 xīngqī'èr	礼拜二 lǐbài èr	周二 zhōu'èr
수요일	星期三 xīngqīsān	礼拜三 lǐbài sān	周三 zhōusān
목요일	星期四 xīngqīsì	礼拜四 lǐbài sì	周四 zhōusì
금요일	星期五 xīngqīwǔ	礼拜五 lǐbài wǔ	周五 zhōuwǔ
토요일	星期六 xīngqīliù	礼拜六 lǐbài liù	周六 zhōuliù
일요일	星期天 xīngqītiān	礼拜天 lǐbài tiān	周日 zhōurì

3 의문사 '几': 1~10 사이의 숫자 혹은 순환하는 숫자를 묻는 데 사용한다.

① 你几岁？ (어린 아이의 나이를 물을 때) 너 몇 살이니?
   Nǐ jǐ suì?
② 今天星期几？ 오늘 무슨 요일이니?
   Jīntiān xīngqī jǐ?
③ 你的生日几月几号？ 너의 생일은 몇 월 몇 일이니?
   Nǐ de shēngrì jǐ yuè jǐ hào?
④ 现在几点？ 지금 몇 시니?
   Xiànzài jǐ diǎn?

4 명사술어문: 명사성어구가 '是' 없이 직접 술어로 쓰인 문장을 말한다. 술어로 쓰일 수 있는 명사는 주로 시간, 날짜, 요일, 날씨, 본적지, 나이, 길이, 무게, 가격 등을 나타내는 어구이다.

① 现在十二点。 지금 12시다.(시간)
   Xiànzài shí'èr diǎn.
② 今天中秋节。 오늘은 추석이다.(날짜)
   Jīntiān Zhōngqiūjié.
③ 今年二十二岁。 올해 22살이다.(나이)
   Jīnnián èrshí'èr suì.
④ 这件衣服三百块钱。 이 옷은 300원이다.(가격)
   Zhè jiàn yīfu sānbǎi kuài qián.
⑤ 我北京人。 나는 북경사람이다.(본적지)
   Wǒ Běijīng rén.

부정형식을 나타낼 경우에는 술어로 쓰인 명사성어구 앞에 '不是'를 붙인다.

⑥ 我上海人。　➡　我不是上海人。
   Wǒ Shànghǎi rén.　　　Wǒ bú shì Shànghǎi rén.

와이마이(外卖)

'와이마이(外卖)'는 '바깥 외(外)'와 '팔 매(卖)'가 더해진 합성어로 스마트 기기의 급속한 보급, 모바일 결제시스템의 간소화 그리고 풍부한 인력시장과 저렴한 인건비까지 더해져 중국에서 급속도로 성장하고 있는 O2O(Online to Offline) 서비스입니다. 미국의 우버 택시(Uber Taxi)로 대표되는 온 디맨드(On demand), 공유경제(Sharing Economy) 서비스 개념이 중국으로 건너오면서 O2O로 새롭게 탈바꿈된 것이라고 할 수 있습니다.

이러한 O2O, 와이마이(外卖) 서비스를 이용하면 애플리케이션을 활용한 몇 번의 터치만으로 간단히 집에서 배달음식을 받아볼 수 있어서 특히 젊은 층 사이에서 인기가 많습니다.

중국을 여행하다가 보면 옆 사진과 같이 도처에서 발견되는 '오토바이 배달맨'을 목격하게 되는데, 이들도 유명 맛집에 줄을 서서 자기 순서를 기다리는 경우까지 있으니 그 인기와 파급력을 실감할 수 있습니다.

|그림| 배달중인 '배달맨'

|표| 중국의 인기 음식체인점 탑10

순위	상호	이미지	메뉴
1	海底捞 Hǎidǐlāo		중국 사천식 샤브샤브
2	必胜客 Bìshèngkè		피자
3	小肥羊 Xiǎoféiyáng		샤브샤브
4	俏江南 Qiàojiāngnán		사천요리 전문
5	小南国 Xiǎonánguó		상하이요리 전문
6	外婆家 Wàipójiā		일반 중국식 요리
7	麦当劳 Màidāngláo		맥도날드
8	星期五餐厅 Xīngqīwǔ cāntīng		프라이데이
9	肯德基 Kěndéjī		KFC
10	大渔铁板烧 Dàyútiěbǎnshāo		일식 철판요리

자료: OC&C Strategy Consultants, 2016. 5. 24(http://news.ifeng.com)

제6과

王经理在吗?

왕사장님 계십니까?

물류 노트   알리바바 마윈(马云) 사장

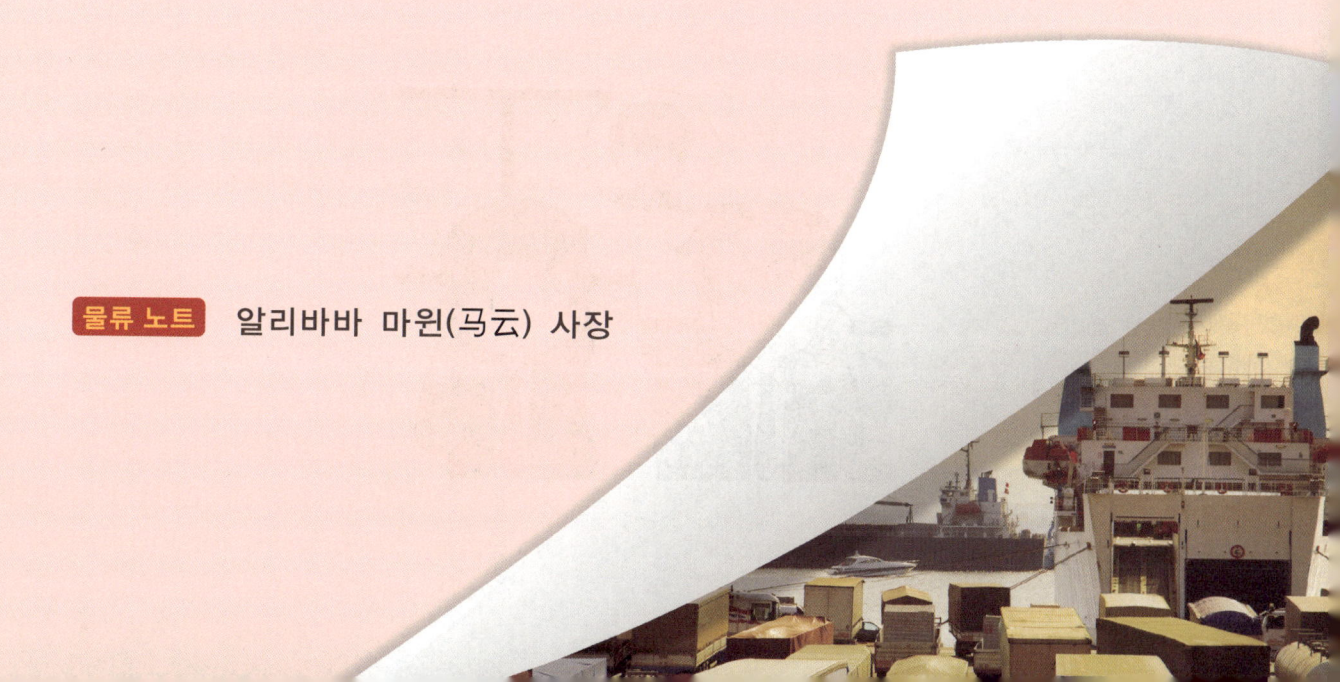

제6과

王经理在吗？

김과장 : 喂，请问，王经理在吗？
Wéi, qǐngwèn, Wáng jīnglǐ zài ma?

장비서 : 他不在，您是哪一位？
Tā bú zài, nín shì nǎ yí wèi?

김과장 : 我是物流公司的金科长，叫永水。
Wǒ shì wùliú gōngsī de Jīn kēzhǎng, jiào Yǒngshuǐ.

请他给我回个电话，好吗？
Qǐng tā gěi wǒ huí ge diànhuà, hǎo ma?

장비서 : 好的，我一定转告他。
Hǎo de, wǒ yídìng zhuǎngào tā.

왕사장님 계십니까?

* * * * * * * * * *

왕사장: 喂，我找金科长。
Wéi, wǒ zhǎo Jīn kēzhǎng.

여 자: 这儿没有金科长。
Zhèr méiyǒu Jīn kēzhǎng.

왕사장: 您那儿不是物流公司吗？
Nín nàr bú shì wùliú gōngsī ma?

여 자: 不，你打错了。
Bù, nǐ dǎ cuòle.

왕사장: 对不起。
Duìbuqǐ.

본문 해석

김과장: 여보세요, 말씀 좀 묻겠습니다. 왕사장님 계십니까?
장비서: 안계십니다. 당신은 누구십니까?
김과장: 저는 물류회사의 김과장입니다. 김영수라고 합니다.
그에게 제게 전화 해 달라고 전해주시겠습니까?
장비서: 알겠습니다. 제가 꼭 전해드리겠습니다.
* * * * * * * * * *
왕사장: 여보세요? 김과장을 찾는데요.
여 자: 여기에는 김과장이 없습니다.
왕사장: 거기 물류회사 아닙니까?
여 자: 아닙니다. 전화 잘못하셨습니다.
왕사장: 죄송합니다.

새로운 단어

喂		wéi	(전화상에서) 여보세요.
请问		qǐngwèn	말씀 좀 여쭙겠습니다.
经理	명	jīnglǐ	경영 관리 책임자. 사장. 지배인. 매니저
在	동	zài	존재하다. (사람이나 사물이)…에 있다.
位	양	wèi	분. 명(공경의 뜻을 내포함)
科长	명	kēzhǎng	과장
请	동	qǐng	청하다. 부탁하다. 요구하다.
给	전치	gěi	…에게. …를 향하여
回	동	huí	되돌리다. 되돌아가다. 되돌아오다.
电话	명	diànhuà	전화
一定	부	yídìng	반드시. 필히. 꼭
转告	동	zhuǎngào	전언하다. (말을) 전(달)하다.
这儿	대	zhèr	여기
那儿	대	nàr	저기. 거기.
不是……吗?		bú shì……ma?	…아닙니까?
打	동	dǎ	치다. 때리다. (전화를) 걸다.
错	형	cuò	틀리다. 정확하지 않다.
了	조사	le	동사 혹은 형용사 뒤에 쓰여 동작 혹은 변화가 이미 완료되었음 나타냄

★ 어법 포인트

1 겸어문 : 하나의 동목구조와 하나의 주술구조가 한 조를 이룬 문장으로, 앞 동사의 목적어가 뒷 동사의 주어를 겸하기 때문에 '겸어문'이라고 한다.

> 예 我请你吃饭。 Wǒ qǐng nǐ chī fàn.

주어 + 동사₁ + 목적어   我 + 请 + 你
                주어 + 동사₂   你 + 吃 + 饭

① 我们让他去书店。 우리는 그에게 서점에 가라고 했다.
    Wǒmen ràng tā qù shūdiàn.

② 他的话使我生气。 나의 말은 나를 화나게 한다.
    Tā de huà shǐ wǒ shēngqì.

③ 经理叫我去上海出差。 사장이 나에게 상하이로 출장 가라고 했다.
    Jīnglǐ jiào wǒ qù Shànghǎi chūchāi.

2 '是'자문의 의문형식

(1) 是……吗? (판단의문문)

    这是你的书吗? 이것은 너의 책이니?
    Zhè shì nǐ de shū ma?

(2) 是不是……? (긍부정의문문) : 긍부정의문문은 긍정형식과 부정형식을 연이어 사용하여 청자로 하여금 그 중의 한 가지 대답을 하도록 묻는 의

문문이다. 여기에서는 동사 '是'의 긍정형식과 부정형식을 연이어 사용하여 긍부정의문문을 이룬다.

这是不是你的书? 이것은 너의 책이니 아니니?
Zhè shì bú shì nǐ de shū?

(3) 不是……吗? : '不是……吗'는 두 가지 의미를 나타내는데, 하나는 '놀랍다, 뜻밖이다'의 의미이고, 다른 하나는 반문을 나타내며 화자의 불만, 책망, 변명 등을 나타낸다.

<'놀랍다, 뜻밖이다' 의미>

① A : **今天晚上开晚会，请你去参加**。
　　　Jīntiān wǎnshàng kāi wǎnhuì, qǐng nǐ qù cānjiā.
　　　오늘 저녁에 파티가 열리는데 참석해 주시길 바랍니다.

　 B : **不是明天晚上开吗**?
　　　Búshì míngtiān wǎnshàng kāi ma?
　　　내일 저녁에 열리는 것 아닌가요?

<'반문' 의미>

② A : **快去找个年轻人帮帮我**。
　　　Kuài qù zhǎo ge niánqīngrén bāngbang wǒ.
　　　얼른 가서 젊은이를 찾아와 나를 좀 도와줘.

　 B : **我不是年轻人吗**?
　　　Wǒ bú shì niánqīngrén ma?
　　　나는 젊은이가 아닌가요?

3 결과보어 : 술어로 쓰인 동사 뒤에 동작이 완성된 후의 결과를 나타내는 동사나 형용사를 쓰는데, 이러한 동사나 형용사를 결과보어라고 한다.

긍정형식	동사+결과보어
부정형식	没+동사+결과보어

(긍정)

① 你打错了。
Nǐ dǎ cuòle.
잘못 걸었다.

② 工作做完了。
Gōngzuò zuò wánle.
일을 끝마쳤다.

③ 他吃饱了。
Tā chī bǎole.
그는 배불리 먹었다.

④ 我听清楚了。
Wǒ tīng qīngchule.
나는 제대로 알아들었다.

(부정)

➡ 你没打错。
Nǐ méi dǎ cuò.
잘못 걸지 않았다.

➡ 工作没做完。
Gōngzuò méi zuò wán.
일을 끝마치지 못했다.

➡ 他没吃饱。
Tā méi chī bǎo.
그는 배불리 먹지 못했다.

➡ 我没听清楚。
Wǒ méi tīng qīngchu.
나는 제대로 알아듣지 못했다.

4 '有'자문 : 동사 '有'가 술어로 쓰인 문장을 말한다. 동사 '有'의 기본의미는 '존재'와 '소유'이다. '有'의 부정형식은 그 앞에 '没'를 써야지, '不'로 부정할 수 없다.

(1) '존재'를 나타내는 '有' : 어떤 장소나 시점에 어떤 사람이나 사물이 존재함을 나타낸다. 기본구조는 다음과 같다.

장소사/시간사 + 有 + 명사성어구

① 教室里有很多学生。　　➡ 教室里没有学生。
　　Jiàoshì li yǒu hěn duō xuésheng.　　Jiàoshì li méi yǒu xuésheng.

② 桌子上有两本书。　　➡ 桌子上没有书。
　　Zhuōzi shàng yǒu liǎng běn shū.　　Zhuōzi shàng méi yǒu shū.

(2) '소유'를 나타내는 '有' : '有'가 술어로 쓰여 주어와 목적어가 소유나 종속관계임을 나타낸다.

명사성어구 + 有 + 명사성어구

③ 我有很多朋友。　　➡ 我没有朋友。
　　Wǒ yǒu hěn duō péngyǒu.　　Wǒ méi yǒu péngyǒu.

④ 我有一个姐姐。　　➡ 我没有姐姐。
　　Wǒ yǒu yí ge jiějie.　　Wǒ méi yǒu jiějie.

알리바바 마윈(马云) 사장

마윈(马云) 사장 본인이 자신에 대해 늘 입버릇처럼 말하는 '볼품 없는 외모에 왜소한 체구'! 그럼에도 불구하고 그가 이끄는 알리바바 그룹은 2007년 중국 전체 전자상거래 시장점유율 80%를 달성한 이후, 한 번도 1위 자리를 내주지 않고 있습니다. 명실상부 세계 최대 전자상거래 기업이 된 알리바바 왕국의 창시자 마윈, 지금은 업계의 큰손, 큰 거인으로 자리매김하였습니다. 특히, 듣는 사람을 한 번에 휘어잡는 뛰어난 언변과 묘한 설득력은 지금의 알리바바 왕국을 만든 원동력이 되었고, 이제는 중국 젊은이들의 우상으로 우뚝 서 각종 강연 회장에서 명언을 만들어내고 있습니다.

|그림| 알리바바 마윈(马云) 사장

如果我马云能够创业成功,
Rúguǒ wǒ Mǎyún nénggòu chuàngyè chénggōng,

那么我相信中国百分之80的年轻人都能创业成功。
nàme wǒ xiāngxìn Zhōngguó bǎi fēn zhī bāshí de niánqīng rén dōu néng chuàngyè chénggōng.

'나 마윈 같은 사람이 창업에 성공할 수 있다면,
중국의 80% 이상의 젊은이들이 모두 창업에 성공할 수 있을 것이라고 믿는다.'

제7과

这是我的名片。

이것은 제 명함입니다.

물류 노트 꽌시(关系)

第7课

这是我的名片。

김과장: 王经理，您好！我是金科长，叫金永水。
Wáng jīnglǐ, nín hǎo! Wǒ shì Jīn kēzhǎng, jiào Jīn Yǒngshuǐ.

왕사장: 你好！我是王晓。
Nǐ hǎo! Wǒ shì Wáng Xiǎo.

初次见面，请多关照！
Chūcì jiànmiàn, qǐng duō guānzhào!

김과장: 见到您很高兴，我也请您多多关照！
Jiàn dào nín hěn gāoxìng, wǒ yě qǐng nín duōduō guānzhào!

这是我的名片。
Zhè shì wǒ de míngpiàn.

왕사장: 谢谢！。
Xièxie!

김과장: 一路上辛苦了，坐飞机很累吧？
Yí lù shàng xīnkǔle, zuò fēijī hěn lèi ba?

왕사장: 还可以，没那么累。
Hái kěyǐ, méi nàme lèi

이것은 제 명함입니다.

* * * * * * * * * *

김과장: 刘秘书，王经理在吗?
Liú mìshū, Wáng jīnglǐ zài ma?

유비서: 他不在，您可以给他打电话，可以发电子邮件。
Tā bú zài, nín kěyǐ gěi tā dǎ diànhuà, kěyǐ fā diànzǐyóujiàn.

김과장: 王经理的手机号码是多少?
Wáng jīnglǐ de shǒujī hàomǎ shì duōshao?

유비서: 他的手机号码是13976883785。
Tā de shǒujī hàomǎ shì yāo sān jiǔ qī liù bā bā sān qī bā wǔ.

본문 해석

김과장: 왕사장님, 안녕하세요! 저는 김과장이고, 이름은 김영수입니다.
왕사장: 안녕하세요! 저는 왕효입니다.
처음 뵙겠습니다, 잘 부탁드립니다.
김과장: 만나 뵙게 돼서 기쁩니다, 저도 잘 부탁드립니다.
이건 제 명함입니다.
왕사장: 감사합니다.
김과장: 오시느라 고생하셨습니다. 비행기 타고 오시느라 피곤하시지요?
왕사장: 괜찮습니다, 그다지 피곤하지 않습니다.
* * * * * * * * * *
김과장: 유비서, 왕사장님 계세요?
유비서: 안계십니다. 전화를 하시거나 메일을 보내보세요.
김과장: 왕사장님 휴대폰 번호가 뭡니까?
유비서: 그의 휴대폰 번호는 13976883785입니다.

제7과 这是我的名片。

새로운 단어

王晓	인명	Wáng Xiǎo	왕효
初次		chūcì	처음. 첫 번째
见面	동	jiànmiàn	만나다. 대면하다.
请	동	qǐng	청하다. 부탁하다. 요구하다. 신청하다
多	형	duō	많다.
关照	동	guānzhào	돌보다. 보살피다. 배려하다.
到	동	dào	동사 뒤에서 보어로 쓰여 동작이 목적에 도달했거나 결과가 있음을 나타냄
这	대	zhè	이(가까이 있는 사람이나 사물을 가리킴)
名片	명	míngpiàn	명함
路	명	lù	길. 도로
上	방위	shàng	위
辛苦		xīnkǔ	고생스럽다. 수고롭다.
坐	동	zuò	(교통 수단을) 타다. 앉다.
飞机	명	fēijī	비행기
累	형	lèi	피곤하다.
还	부	hái	여전히. 아직도. 아직. 또. 더. 게다가
那么	대	nàme	그렇게. 저렇게
吧	어기	ba	문장 끝에 쓰여 청유, 명령, 제의 등의 어기를 나타냄 문장 끝에 쓰여 가능·추측의 어기를 나타냄

★ 어법 포인트

1 지시대명사 : 지시와 대체 작용을 하는 단어를 가리킨다. 지시대명사는 근칭과 원칭으로 구분할 수 있다.

지시 대상	근칭	원칭
사람·사물	这 zhè	那 nà
사람·사물	这+(수)양사+명사	那+(수)양사+명사
장소	这儿 / 这里 zhèr/ zhèli	那儿 / 那里 nàr/ nàli

① 这是王经理, 那是金科长。
　 Zhè shì Wáng jīnglǐ, nà shì Jīn kēzhǎng.
　 이 분은 왕사장이고, 저 분은 김과장이다.

② 这个办法很好。
　 Zhè ge bànfǎ hěn hǎo.
　 이 방법은 좋다.

③ 来, 就这儿坐吧。
　 Lái, jiù zhèr zuò ba.
　 여기 앉으세요.

2 추측의문문 : 질문하는 사람이 이미 초보적인 생각을 갖고 있으나 확신이 없어 자신의 추측을 근거로 의문을 제기하여 진위 여부를 확인하고자 할 경우에 쓰인다. 주로 문미에 '吧'를 사용하여 추측의 어기를 나타낸다.

① 你是中国人吧?
　Nǐ shì Zhōngguó rén ba?
　너 중국인이지?

② 这里是你们公司吧?
　Zhèlǐ shì nǐmen gōngsī ba?
　여기가 너희 회사지?

③ 你大概记错了吧?
　Nǐ dàgài jì cuòle ba?
　아마 네가 잘못 기억한 거겠지?

④ 金科长今天没来，也许是病了吧?
　Jīn kēzhǎng jīntiān méi lái, yěxǔ shì bìngle ba?
　김과장은 오늘 안 왔는데 아마 병이 났나 보지?

'吧'는 건의, 재촉, 요청, 명령의 의미를 나타내기도 한다.

⑤ 我们一起去吧! (건의)
　Wǒmen yìqǐ qù ba. 우리 함께 가자.

⑥ 快来吧! (재촉)
　Kuài lái ba. 빨리 와!

⑦ 你帮帮我吧! (요청)
　Nǐ bāngbang wǒ ba. 나를 좀 도와줘!

⑧ 你放心吧! (명령)
　Nǐ fàngxīn ba. 안심하세요.

3 '有'자 비교문 : A와 B를 비교할 때 B를 기준으로 A가 B의 정도에 도달했음을 나타내는 문장을 말한다. '那么', '这么'는 성질이나 상태 혹은 정도를 지시하며, 원칭이면 '那么', 근칭이면 '这么'를 쓴다. 부정형식은 '有' 앞에 '没'를 쓰고, A가 B의 정도에 도달하지 않았음을 나타낸다.

(긍정형식) A+有+B+那么/这么+형용사성어구
(부정형식) A+没有+B+那么/这么+형용사성어구

① 这孩子有爸爸那么高。 이 아이는 아빠만큼 그렇게 키가 크다.
Zhè háizi yǒu bàba nàme gāo.

→ 这孩子还没有爸爸那么高。 이 아이는 아빠만큼 그렇게 크지 않다.
Zhè háizi hái méiyǒu bàba nàme gāo.

② 他的房间有我的(房间)这么大。 그의 방은 나의 방만큼 크다.
Tā de fángjiān yǒu wǒ de (fángjiān) zhème dà.

→ 他的房间没有我的(房间)这么大。
그의 방은 나의 방만큼 크지 않다.
Tā de fángjiān méiyǒu wǒ de (fángjiān) zhème dà.

4 의문사 '多少' : '多少'는 '얼마, 몇'이라는 의미의 의문사로, 주로 10 이상의 수량을 물을 때 사용한다. 전화번호를 물을 때에도 '多少'를 사용한다.

① 你的手机号码是多少? 당신의 휴대폰 번호는 얼마입니까?
Nǐ de shǒujī hàomǎ shì duōshao?

② 一共多少钱? 모두 얼마입니까?
Yígòng duōshao qián?

꽌시(关系)

　　마치 과거 북방 흉노족의 침공을 막기 위해 쌓아 올린 진시황의 만리장성(Great Wall)과 같은 현대판 방화벽(Firewall)이 특히 IT 분야에서 자국 기업 보호를 위해 외국기업의 중국 진입을 가로막고 있습니다.

　　중국을 여행하다 보면 투숙한 호텔의 인터넷망으로 구글 접속이 안 되어 연동된 이메일조차 확인을 못 해 곤경에 처하는 경우를 흔히 겪게 됩니다.

|그림| 중국에서의 구글(www.google.com) 접속 차단 페이지

　　이베이(eBay)도 알리바바의 파상공격에 맥없이 철수했고, 페이스북, 트위터 같은 세계적인 SNS 기업들도 공안 당국 검열의 벽을 넘지 못하고 있습니다.

　　이렇게 유수 글로벌기업들이 중국에서 고전을 면치 못하는 이유를 단순히 사회주의 국가의 국가 통제시스템에서 그 원인을 찾기보다는, 실제 중국사회를 움직이는 원동력인 꽌시(关系) 문화, 즉 '친소(親疏) 관계', '의형제의 관계'에서 이해하는 것이 더 타당하다는 의견도 무시할 수 없습니다.

　　일례로, 차량호출업체인 미국의 우버는 중국의 디디추싱(滴滴出行)에 완패했는데, 거의 동일한 서비스를 제공하는 디디추싱은 우버와의 한판 전쟁에서 알리바바, 텐센트, 바이두 등 중국의 3대 IT업체의 전폭적인 투자를 이끌어냈고, 중국 정부의 제도적인 지원까지 끌어냈습니다. 결국, 우버와 디디추싱의 승패는 디디추싱의 꽌시(关系)의 승리로 이미 결정된 결과였다고 할 수도 있는 것입니다.

제8과

百货商店几点开门?

백화점은 몇 시에 문을 엽니까?

물류 노트 알리바바닷컴

제8과 百货商店几点开门?

왕사장 : **金科长，韩国百货商店几点开门?**
Jīn kēzhǎng, Hánguó bǎihuò shāngdiàn jǐ diǎn kāimén?

김과장 : **上午十点开门营业。**
Shàngwǔ shí diǎn kāimén yíngyè.

왕사장 : **几点关门?**
Jǐ diǎn guānmén?

김과장 : **晚上八点关门。**
Wǎnshàng bā diǎn guānmén.

백화점은 몇 시에 문을 엽니까?

왕사장 : 从这儿到乐天百货商店需要多长时间？
Cóng zhèr dào Lètiān bǎihuò shāngdiàn xūyào duōcháng shíjiān?

김과장 : 坐地铁需要二十分钟左右。
Zuò dìtiě xūyào èrshí fēnzhōng zuǒyòu.

본문 해석

왕사장 : 김과장, 한국 백화점은 몇 시에 문을 엽니까?
김과장 : 오전 10시 반부터 영업합니다.
왕사장 : 몇 시에 문을 닫습니까?
김과장 : 저녁 8시에 문을 닫습니다.
왕사장 : 여기에서 롯데백화점까지 몇 시간 걸립니까?
김과장 : 지하철을 타면 20분정도 걸립니다.

새로운 단어

百货商店	명	bǎihuò shāngdiàn	백화점
开	동	kāi	열다
关	동	guān	닫다
门	명	mén	문
营业	동	yíngyè	영업하다.
晚上	명	wǎnshàng	저녁
从……到……	전치	cóng……dào……	…부터…까지
需要	동	xūyào	필요하다. 요구되다.
多		duō	얼마나(의문문에 쓰여 정도를 나타냄)
长	형	cháng	(길이, 시간이) 길다. 오래다.
时间	명	shíjiān	시간
地铁	명	dìtiě	지하철
分钟	명	fēnzhōng	분
左右		zuǒyòu	가량. 안팎. 만큼. 내외. 좀

★ 어법 포인트

1 정도, 수량을 묻는 '多' : '多'는 본래 '많다'라는 의미를 나타내는 형용사이지만, 다른 일음절 형용사 앞에 쓰여 정도나 수량을 묻는 의문문에 쓰이기도 한다. 이때 형용사는 일반적으로 '高, 长, 远, 重' 등과 같은 적극적 성질의 것으로, '短, 近'과 같은 소극적 성질의 형용사 앞에는 쓰이지 않는다.

① 你今年多大? 올해 몇 살이니? (나이)
   Nǐ jīnnián duōdà?

② 这条路多长? 이 길은 얼마나 기니? (길이)
   Zhè tiáo lù duōcháng?

③ 到机场多远? 공항까지 얼마나 머니? (거리)
   Dào jīchǎng duōyuǎn?

④ 他个子多高? 그의 키는 얼마나 크니? (신장)
   Tā gèzi duōgāo?

⑤ 这块肉多重? 이 고기는 얼마나 무겁니? (무게)
   Zhè kuài ròu duōzhòng?

2 전치사구 '从······到······' : 기점을 나타내는 '从'과 종점을 나타내는 '到'가 결합되어 기점부터 종점까지인 '~부터 ~까지'의 의미를 나타낸다.

① 从这儿到那儿远吗? 여기서 저기까지 머니?
   Cóng zhèr dào nàr yuǎn ma?

② 从机场到工厂近不近? 공항에서 공장까지 가깝니?
   Cóng jīchǎng dào gōngchǎng jìn bu jìn?

3 어림수 표현 : 어림수란 대략적인 수를 말한다. 실제 수치와 차이가 많지 않을 때 '수사+양사+左右/前后/上下'의 격식을 사용할 수 있다.

① 二十分钟左右 20분 가량
　èrshí fēnzhōng zuǒyòu

② 春节前后 설날 전후
　Chūnjié qiánhòu

③ 八十岁上下 80세 가량
　bāshí suì shàngxià

'左右'는 '上下'에 비해 사용범위가 넓고 보편적으로 쓰여, 시간과 수량어구 뒤에 모두 쓰일 수 있다. '上下'는 주로 나이, 중량, 온도 등에 쓰인다.

④ 80岁上下 80세 가량
　bāshí suì shàngxià

⑤ 75公斤上下 75kg 가량
　qīshí gōngjīn shàngxià

'前后'는 시점을 나타내는 데에만 쓸 수 있으며 주로 시간을 표시하는 어구 뒤에 쓰인다.

⑥ 六点半前后 6시 반 전후
　liù diǎn bàn qiánhòu

⑦ 春节前后 설 전후
　Chūnjié qiánhòu

'左右', '前后'의 구별은 다음과 같다.

	시점(時點)	시량(時段)	시간명사
左右 zuǒyòu	五点左右(O) wǔ diǎn zuǒyòu 5시 가량	五个小时左右(O) wǔ ge xiǎoshí zuǒyòu 5시간 가량	春节左右(X) Chūnjié zuǒyòu
前后 qiánhòu	五点前后(O) wǔ diǎn qiánhòu 5시 가량	五个小时前后(X) wǔ ge xiǎoshí qiánhòu	春节前后(O) Chūnjié qiánhòu 설 전후

알리바바닷컴

중국 IT 기업으로는 알리바바가 처음으로 2014년 뉴욕증시에 상장하였고, 상장 첫날 시가총액 약 240조 원을 기록하며 구글에 이어 세계 제2위의 IT 기업으로 등극했습니다.

창사 15년 만에 글로벌 기업으로 성장한 알리바바는 국내외 IT 전자상거래 기업과 물류 기업을 흡수하며 다음과 같은 거대 알리바바 왕국을 건설한 것입니다.

❚ Tmall-https://www.tmall.com/-

알리바바그룹이 운영하는 중국 인터넷 종합쇼핑몰로 주로 명품이나 자동차 등 고가 제품을 판매한다.

❚ Alibaba.com-alibaba.com-

중국 e커머스 전문업체로 인터넷 경매 및 B2B C2C 서비스를 제공한다.

❚ 타오바오-https://world.taobao.com/-

중국 인터넷 전자상거래 사이트로 생활용품, 가전, 의류, 액세서리 등을 판매하는 일반 오픈마켓이다.

▎1688.com -https://www.1688.com-

중국 인터넷 전자상거래 포탈사이트로 주로 중국 내 도매상과 소매상을 이어주는 B2B 서비스를 제공한다.

▎Juhuasuan-http://juhuasuan.com/-

중국을 대표하는 소셜커머스 즉 공동구매 업체이다.

▎AliExpress-www.aliexpress.com-

주로 해외 거주자들을 위한 온라인 전자상거래 플랫폼으로 저가 자동차용품, 휴대폰 악세서리, 컴퓨터, 패션용품 등을 판매한다.

제9과

你的手机怎么样?

당신의 휴대폰은 어때요?

물류 노트 중국 휴대폰 점유율

제9과 你的手机怎么样？

왕사장 : 这个智能手机是谁的？
Zhè ge zhìnéng shǒujī shì shéi de?

김과장 : 是我的。
Shì wǒ de.

왕사장 : 你的手机是三星盖乐世。三星手机怎么样？
Nǐ de shǒujī shì Sānxīng Gàilèshì. Sānxīng shǒujī zěnmeyàng?

김과장 : 又大又好！您的手机是苹果手机吗？
Yòu dà yòu hǎo! Nín de shǒujī shì Píngguǒ shǒujī ma?

왕사장 : 是，没错。
Shì, méicuò.

당신의 휴대폰은 어때요?

김과장: 苹果手机怎么样?
Píngguǒ shǒujī zěnmeyàng?

왕사장: 机身有点儿小，可是手机软件很多。
Jīshēn yǒudiǎnr xiǎo, kěshì shǒujī ruǎnjiàn hěn duō.

본문 해석

왕사장: 이 스마트폰은 누구의 것입니까?
김과장: 제 것입니다.
왕사장: 당신의 휴대폰은 삼성 갤럭시군요. 삼성휴대폰은 어때요?
김과장: 크고 좋습니다. 당신 것은 아이폰입니까?
왕사장: 네, 그렇습니다.
김과장: 아이폰은 어떻습니까?
왕사장: 크기는 좀 작지만, 애플리케이션이 많습니다.

새로운 단어

智能	명 형	zhìnéng	지능/지능을 갖춘
手机	명	shǒujī	휴대폰
三星	고명	Sānxīng	삼성
盖乐世	고명	Gàilèshì	갤럭시
怎么样	의문	zěnmeyàng	어떠하다. 어떻다(주로 의문문에 쓰임)
又……又……		yòu……yòu…	…하기도 하고 또 …하기도 하다
苹果	명	píngguǒ	사과
没错	형	méicuò	틀림없다. 분명하다. 맞다. 옳다.
机身	명	jīshēn	(기계의) 몸통
有点儿	부	yǒudiǎnr	조금. 약간
小	형	xiǎo	작다. 적다. 여리다. 어리다.
可是	접속	kěshì	그러나. 하지만
软件	명	ruǎnjiàn	소프트웨어(software)

★ 어법 포인트

1 의문사 '怎么样' : 성질이나 상태를 묻는 의문대명사로, '好', '不好' 등으로 대답할 수 있다.

① Q : 你身体怎么样? 건강이 어떠세요?
　　　Nǐ shēntǐ zěnmeyàng?

　A : (긍정) 我很好。 좋습니다.
　　　　　　Wǒ hěn hǎo.

　　　(부정) 我不太好。 그다지 좋지 않습니다.
　　　　　　Wǒ bú tài hǎo.

② Q : 实际状况怎么样? 실제 상황은 어떻습니까?
　　　Shíjì zhuàngkuàng zěnmeyàng?

　A : (긍정) 还好。 그럭저럭 괜찮습니다.
　　　　　　Hái hǎo.

　　　(부정) 真不好。 매우 안 좋습니다.
　　　　　　Zhēn bù hǎo.

2 又……又…… : 주어에 두 가지 동작이나 상태가 동시에 존재, 발생함을 나타내어 '~하기도 하고 ~하기도 하다'는 의미를 나타낸다. '既……又……'와 동일하다.

| 又
既 | + | 형용사1
동사1 | + | 又
又 | + | 형용사2
동사2 |

이때 '又……又……' 중간에 쓰이는 형용사는 둘 모두 긍정의미이거나 둘 모두 부정의미를 나타낸다. '又……又……' 중간에 쓰이는 두 동사는 항상 함께 발생하는 동작임을 표시한다.

① 那天晚上，月亮又圆又亮。그 날 밤 달은 둥글고 밝았다.
　　Nàtiān wǎnshàng, yuèliang yòu yuán yòu liàng.
② 这个店里的东西既便宜又好。이 가게의 물건은 싸고 좋다.
　　Zhè ge diàn lǐ de dōngxi jì piányi yòu hǎo.
③ 大家又唱又跳，玩得很高兴。
　　Dàjiā yòu chàng yòu tiào, wán de hěn gāoxìng.
　　모두들 노래도 부르고 춤도 추며 재밌게 놀았다.
④ 他又吃又喝。그는 먹고 마신다.
　　Tā yòu chī yòu hē.

3 부사 '有点儿' : 소극적이거나 부정적인 의미를 나타내는 형용사나 동사 앞에 쓰여 '정도가 심하지 않음', '조금'의 의미를 나타낸다.

① 这件衣服有点儿贵。이 옷은 좀 비싸다.
　　Zhè jiàn yīfu yǒudiǎnr guì.
② 我今天有点儿不舒服。나는 오늘 몸이 좀 좋지 않다.
　　Wǒ jīntiān yǒudiǎnr bù shūfu.
③ 他有点儿后悔。그는 조금 후회한다.
　　Tā yǒudiǎnr hòuhuǐ.
④ 我有点儿不想去。나는 조금 가고 싶지 않다.
　　Wǒ yǒudiǎnr bù xiǎng qù.

4 접속사 '可是' : 전환관계를 나타내며 '但是'와 동일하다. 주어 앞이나 주어 뒤에 쓰일 수 있다.

① 我想去看电影，可是没有时间。
　　Wǒ xiǎng qù kàn diànyǐng, kěshì méi yǒu shíjiān.
　　나는 영화를 보러 가고 싶지만 시간이 없다.

② 这篇文章虽然不长，可是内容很丰富。
　　Zhè piān wénzhāng suīrán bù cháng, kěshì nèiróng hěn fēngfù.
　　이 글은 비록 길지 않지만 내용이 풍부하다.

중국 휴대폰 점유율

　　중국의 스마트폰 보급률은 최근 몇 년 사이에 급속하게 증가하여 2011년, 세계 평균 보급률을 능가, 지금은 일본, 미국을 앞질러 한국에 이은 세계 제2위를 기록하고 있습니다.

　　옆 동 자료에 따르면 중국 내 스마트폰 시장은 국산 화웨이(华为)가 15.7%, 샤오미(小米) 15.7%, 애플 10.3% 순으로 국산 스마트폰이 주류를 차지하고 있습니다. 특히 방대한 땅덩어리에서 권외 통화료와 권내 통화료의 차이를 없애고 독자적인 플랫폼을 구축하여 국내 소비자들에게 호평을 얻기 시작한 샤오미의 급부상이 주목됩니다.

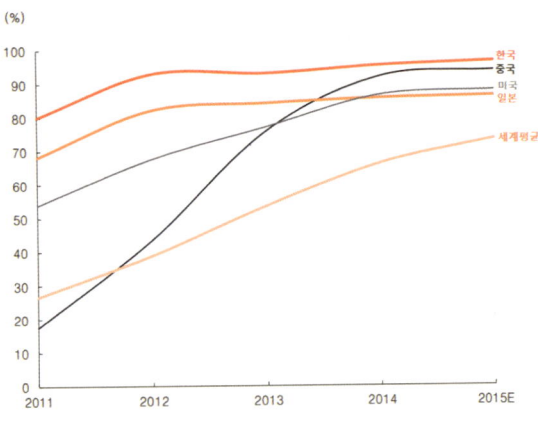

|그림| 주요국 스마트폰 보급률 추이
(KB금융그룹 가전·전자부품 산업전망, 2016)

　　또한, 외국기업에 대한 진입 장벽이 높은 것으로 유명한 중국 스마트폰 시장에서, 더군다나 국산 스마트폰이 주류를 이루고 있는 상황에서, 전국에 직영 애플스토어까지 운영하면서 공격적인 마케팅 전략을 펼치고 있는 애플의 10.3%라는 점유율도 주목해볼 필요가 있습니다.

|그림| 중국 청도(青岛) 'the mixC' 건물 내에 위치한 애플스토어

제10과

你想买点儿什么?

무엇을 사고 싶습니까?

물류 노트 유커(游客)

제10과

你想买点儿什么？

왕사장: 听说首尔的明洞、仁寺洞、东大门、景福宫等地区很有名。
Tīngshuō Shǒu'ěr de Míngdòng, Rénsìdòng, Dōngdàmén, Jǐngfúgōng děng dìqū hěn yǒumíng.

김과장: 对，你想去哪儿？
Duì, nǐ xiǎng qù nǎr?

왕사장: 我想去明洞。
Wǒ xiǎng qù Míngdòng.

김과장: 那儿有很多商店，你想买点儿什么？
Nàr yǒu hěn duō shāngdiàn, nǐ xiǎng mǎi diǎnr shénme?

왕사장: 我想买点儿韩国化妆品。
Wǒ xiǎng mǎi diǎnr Hánguó huàzhuāngpǐn.

무엇을 사고 싶습니까?

김과장 : 你想买哪个品牌的化妆品？
Nǐ xiǎng mǎi nǎ ge pǐnpái de huàzhuāngpǐn?

왕사장 : 我想买爱茉莉化妆品。
Wǒ xiǎng mǎi Àimòlì huàzhuāngpǐn.

본문 해석

왕사장 : 서울의 명동, 인사동, 동대문, 경복궁 등 지역이 유명하다고 들었습니다.
김과장 : 맞습니다, 당신은 어디에 가보고 싶습니까?
왕사장 : 나는 명동에 가고 싶습니다.
김과장 : 거기에는 상점이 많이 있습니다. 당신은 무엇을 사고 싶습니까?
왕사장 : 저는 한국 화장품을 사고 싶습니다.
김과장 : 어떤 브랜드의 화장품을 사고 싶습니까?
왕사장 : 저는 아모레 화장품을 사고 싶습니다.

새로운 단어

听说		tīngshuō	듣자하니. 듣건대. 들은 바로는
首尔	지명	Shǒu'ěr	서울
明洞	지명	Míngdòng	명동
仁寺洞	지명	Rénsìdòng	인사동
东大门	지명	Dōngdàmén	동대문
景福宫	지명	Jǐngfúgōng	경복궁
等	조사	děng	등. 따위
地区	명	dìqū	지역. 지구
有名	형	yǒumíng	유명하다. 명성이 높다.
想	조동	xiǎng	…하고 싶다. 바라다. 희망하다. …하려고 하다.
去	동	qù	가다
哪儿	의문	nǎr	어느 곳. 어디(장소를 물음)
对	형	duì	맞다. 옳다. 정확하다.
商店	명	shāngdiàn	상점. 가게
买	동	mǎi	사다
(一)点儿	양	(yì)diǎnr	조금(불확정적인 수량)
化妆品	명	huàzhuāngpǐn	화장품
品牌	명	pǐnpái	상표. 브랜드(brand)
爱茉莉	고명	Àimòlì	아모레

★ 어법 포인트

1 조동사 '想' : 조동사 '想'은 다른 동사 앞에 쓰여 '~하려고 한다', '~하고 싶다'라는 뜻으로, 어떤 일을 하려는 의지와 바람을 나타낸다. 이 경우 조동사 '要'와 비슷하다.

① 我想买双运动鞋。
　　Wǒ xiǎng mǎi shuāng yùndòngxié.
　　나는 운동화를 사고 싶다.

'想'은 어기가 약해 개인이 어떤 생각이나 계획을 가지고 있음을 나타낼 뿐, 그것을 실행할지 안 할지는 확실하지 않다. 그러나 '要'는 어기가 강해 화자의 단호한 어기를 나타낼 수 있다. 주로 강렬한 바람이나 결정, 결심 등을 나타내며, 화자는 통상 그러한 바람이나 결정, 결심대로 행동한다.

② 我想帮你，可是我也没有办法。(O)
　　Wǒ xiǎng bāng nǐ, kěshì wǒ yě méi yǒu bànfǎ.
　　我要帮你，可是我也没有办法。(X)
　　Wǒ yào bāng nǐ, kěshì wǒ yě méi yǒu bànfǎ.

어떤 일을 하려는 의지와 바람을 나타내는 '想'과 '要'의 부정형식은 '不想'이며, '不要'는 금지나 제지를 나타내며 '别'와 같은 역할을 한다.

③ Q : 你想去吗? 너 가고 싶니?
　　　 Nǐ xiǎng qù ma?
　　A : (긍정) 我想去。 = 我要去。 나는 가고 싶다.
　　　　　　 Wǒ xiǎng qù.　 Wǒ yào qù.
　　　　(부정) 我不想去。 나는 가고 싶지 않다.
　　　　　　　Wǒ bù xiǎng qù.

cf) **不要**去。= **别**去。 가지 마!
　　Bú yào qù.　Bié qù.

2 부정양사(不定量詞) '一点儿' : 부정양사란 정해지지 않은 양(부정)을 나타내는 양사를 말한다. '一点儿'은 '약간, 조금'의 의미를 나타내며 '有点儿'과 비슷하다. 주의할 점은 '一点儿'은 수량구로 일반적으로 술어 뒤에 놓이거나 명사성 성분 앞에 놓인다. 그러나 '有点儿'은 부사이므로 술어 앞에 놓인다.

| 동사/형용사 + 一点儿 + (명사) | 有点儿 + 동사/형용사 |

① 这件衣服大**一点儿**。 이 옷은 좀 크다.
　Zhè jiàn yīfu dà yìdiǎnr.

= 这件衣服**有点儿**大。
　Zhè jiàn yīfu yǒudiǎnr dà.

② 这只表慢了**一点儿**。 이 시계는 조금 느리다.
　Zhè zhī biǎo mànle yìdiǎnr.

= 这只表**有点儿**慢。
　Zhè zhī biǎo yǒudiǎnr màn.

③ 他今天喝了**一点儿**酒。 그는 오늘 술을 조금 마셨다.
　Tā jīntiān hēle yìdiǎnr jiǔ.

유커(游客)

　　TCG(Travel China Guide, 2015-https://www.travelchinaguide.com-)에 의하면 2015년 한해 중국이 해외에 송출한 관광객 수는 1억 2천만 명이고, 이들이 해외에서 사용한 비용은 전년도에 비해 16.7% 증가한 약 1천억 달러에 달하는 것으로 조사됐습니다. 2015년 중국인이 방문한 최대 해외 여행지로 대만(2위), 일본(3위), 홍콩(3위)을 앞질러 한국이 당당히 1위를 기록했습니다. 또한, 세계관광기구(WTO, 2000)는 중국이 2020년까지 세계 1위의 관광 수용국, 세계 4위의 관광 송출국이 될 것으로 전망하고 있습니다.

　　유커(游客)로 잘 알려진 중국인 관광객이 우리나라를 찾는 가장 큰 이유는 지리적 근접성, 매력적인 쇼핑 시장 그리고 한류 열풍이 크게 한몫하고 있다고 할 수 있습니다. 그러나, 최근 사드(THAAD)배치 문제와 관련한 한·중 간 정치적인 현안 문제, 저조한 재방문율(37.8%, 문화체육관광부) 등으로 중국인 관광객 수가 크게 줄어들고 있는 것 또한 부인할 수 없는 사실입니다.

　　중국인의 해외관광에 대한 수요가 상존하는 상황에서, 최근 다시 주목받고 있는 행선지가 일본, 태국입니다. 특히, 일본의 경우 반일감정이라고 하는 부정적인 영향이 클 것으로 예상되지만, 정치적인 문제와 실리적인 문제를 분리해서 생각하는 경향을 보이는 젊은 세대, 빠링허우(80后), 지우링허우(90后)의 등장, 그리고 엔저현상으로 중국인의 일본 방문객 수가 급증하고 있는 추세입니다. 여기에, 2020년에 예정되어 있는 도쿄올림픽 특수까지 감안하면 중국관관객을 둘러싼 한·일 간의 쟁탈전은 더욱 더 치열해질 것으로 예상됩니다.

　　중국인 관광객이 우리경제에 미치는 영향이 2015년 부가가치유발효과로 계산했을 때, 우리나라 전체 GDP의 0.8%에 해당하는 12조 5085억원(LG경제연구소, 2016)에 달하는 상황에서 중국인 관관객의 한국 유치는 절실한 문제라고 할 수 있습니다.

제10과 你想买点儿什么? _ 109

|표| 아시아 각국의 중국인 방문자수-2016년 일본정부관광국, JNTO 조사-

訪問先	2011年	2012年	2013年	2014年	2015年
日本 Rìběn	1,043,246	1,425,100	1,314,437	2,409,158	4,993,689
泰国 Tàiguó	1,721,247	2,786,860	4,637,335	4,636,298	7,937,791
韩国 Hánguó	2,220,196	2,836,892	4,326,869	6,126,865	5,984,170
台湾 Táiwān	1,784,185	2,586,428	2,874,702	3,987,152	4,184,102
新加坡 Xīnjiāpō	1,577,522	2,034,177	2,269,870	1,722,380	2,106,164
马来西亚 Mǎláixīyà	1,250,536	1,583,318	1,791,423	1,613,355	1,677,163

　이러한 상황에서 최근 특정 나라를 뛰어넘어 동아시아 전체를 범위로 한 크루즈 관광에 대한 수요가 크게 증가하고 있습니다. 일반적으로 크루즈 관광의 수요층이 주로 연령층이 높은 것이 일반적인데, 중국의 크루즈 관광의 경우는 연령층이 낮아지고 있고, 소득수준 또한 매우 높은 것이 특징적입니다. 또한, 유럽의 이용객들이 6일 이상의 장기 크루즈 일정을 선호하는 것에 비하여, 중국 이용객들은 6일 미만의 단기 크루즈를 선호하는 것으로 나타나는데, 동아시아를 범위로 한 단기 패키지가 주를 이루는 것을 감안하면, 향후 한국으로의 크루즈 수요가 매우 클 것으로 기대할 수 있습니다. 우리나라의 해양수산부도 이에 대비하여 2016년 200만 명, 약 2조원의 소비창출 효과를 목표로 중국인 크루즈선 유치에 노력하고 있다고 합니다.(서울경제, 2016자)

저 자 약 력

이 준 서

1999년 고려대학교 일어일문학과를 졸업하고, 2006년에 일본의 고베대학[神戶大学]에서 문화구조 전공으로 박사학위를 취득했다. 2013~2014년에는 미국의 RICE대학(Linguistics Department)에서 방문교수로 연구활동을 수행한 바 있다. 2014년부터 한국일어일문학회에서 상임이사를 맡고 있으며, 현재 성결대학교 동아시아물류학부 부교수로 재직 중이다. 최근에는 다중언어 '문화이미지프레임' 연구에 관심을 가지고 이와 관련된 연구 프로젝트를 적극적으로 수행하고 있다.

윤 유 정

1997년 숙명여자대학교 중어중문학과를 졸업하고, 2009년에 연세대학교 중어중문학과에서 현대중국어 어법으로 박사학위를 취득했으며, 2012년 북경사범대학[北京师范大学] 한어문화학원[汉语文化学院]에서 외국인 대상 중국어 교육[对外汉语教学]으로 또 하나의 박사학위를 취득했다. 2016년부터 중국어문학연구회에서 상임이사를 맡고 있으며, 현재 성결대학교 동아시아물류학부 조교수로 재직 중이다. 최근에는 인지·텍스트언어학 측면에서 현대중국어 어법을 연구하고, 교학 측면에서 한국인 학습자의 중국어 습득에 대해 연구하고 있다.

기초물류중국어 I

초 판 인 쇄	2017년 02월 14일
초 판 발 행	2017년 03월 02일
저　　　자	이준서 · 윤유정
발 행 인	윤석현
발 행 처	제이앤씨
책 임 편 집	최인노
등 록 번 호	제7-220호
우 편 주 소	서울시 도봉구 우이천로 353 성주빌딩 3층
대 표 전 화	02) 992 / 3253
전　　　송	02) 991 / 1285
홈 페 이 지	http://jncbms.co.kr
전 자 우 편	jncbook@hanmail.net

ⓒ 이준서 · 윤유정, 2017. Printed in KOREA.

ISBN 979-11-5917-050-8　　13720　　　　　　　　정가 14,000원

* 이 책의 내용을 사전 허가 없이 전재하거나 복제할 경우 법적인 제재를 받게 됨을 알려드립니다.
** 잘못된 책은 구입하신 서점이나 본사에서 교환해 드립니다.

제8과　百货商店几点开门?
(백화점은 몇 시에 문을 엽니까?)

1. (1) 我身高一米七八。
   (2) 我六十五公斤。
   (3) 这条路十米。
   (4) 到机场坐车得二十分钟。

2. (1) 坐班车需要五分钟。
   (2) 坐出租车需要三十分钟。
   (3) 走路需要二十分钟。
   (4) 坐巴士需要三十分钟。

3. (1) 他四十岁上下。혹은 他四十岁左右。
   (2) 今天气温零下五度上下。혹은 今天气温零下五度左右。
   (3) 圣诞节前后。
   (4) 需要两个小时左右。

4. (1) 百货商店几点开门?
   (2) 上午十点半开门营业。
   (3) 从这儿到乐天百货商店需要多长时间?
   (4) 坐地铁需要二十分钟左右。

제9과　你的手机怎么样?
(당신의 휴대폰은 어때요?)

1. (1) 不太好。혹은 不太舒服。
   (2) 很好看。혹은 很好。/ 很漂亮。/ 太小。
   (3) 很好吃。혹은 很好。/ 又甜又酸。
   (4) 很好。혹은 晴。

2. (1) 他又矮又胖，她又高又瘦。
   (2) 月亮又圆又亮。
   (3) 他们又看电视又吃饭。
   (4) 他又唱歌又跳舞。

3. (1) 火锅有点儿辣。
   (2) 今天有点儿冷。
   (3) 她有点儿瘦。
   (4) 这个手机有点儿贵。

4. (1) 机身有点儿小，可是手机软件很多。
   (2) 吃方便面又省钱又省时间。
   (3) 坐飞机去很方便，可是到机场很远。
   (4) 今天天气有点儿热。

제10과　你想买点儿什么?
(무엇을 사고 싶습니까?)

1. (1) 我想吃糖醋肉。
   (2) 我想去中国。
   (3) 我想去吃饭。
   (4) 我想买衣服。

2. (1) 我不想吃辣的。
   (2) 我不想买这个。
   (3) 我不想喝咖啡。
   (4) 我不想去公园。

3. (1) 这件衣服大一点儿。
   (2) 这只表有点儿慢。
   (3) 我想买一点儿化妆品。
   (4) 我有点儿不想去。

4. (1) 那儿有很多商店。
   (2) 你想买哪个品牌的化妆品?

2. (1) 八岁。
   (2) 五月二十号星期三。
   (3) 我是一九九七年八月二号出生的。
   (4) 十月十二号。

3. (1) 我今年二十六岁。
   (2) 今天春节。
   (3) 这件衣服两千块钱。
   (4) 她北京人。

4. (1) x, q, s
   (2) à, à
   (3) ē, ì
   (4) y, f
   (5) zh, q, j
   (6) í, ī, è

제6과 王经理在吗？
(왕사장님 계십니까?)

1. (1) A：在吗
       B：哪一位
       A：请他给我打电话
       B：我一定转告他
   (2) A：在吗
       B：这儿没有金科长。
       A：不是物流公司吗
       B：你打错了

2. 我这儿是物流公司。
   (1) (판단의문문) 您那儿是物流公司吗？
   (2) (긍부정의문문) 您那儿是不是物流公司？
   (3) (부정의문문) 您那儿不是物流公司吗？
   (4) (부정 대답) 我这儿不是物流公司，是海运公司。

金科长在公司。
   (1) (판단의문문) 金科长在吗？
   (2) (긍부정의문문) 金科长在不在？
   (3) (부정 대답) 金科长不在。

3. (1) 那儿没有商店。
   (2) 我没有朋友。
   (3) 工作没做完。
   (4) 我没听清楚。

4. (1) 我请你吃饭。
   (2) 请他给我回个电话。
   (3) 我们让他去书店。
   (4) 经理叫我去上海出差。

제7과 这是我的名片。
(이것은 제 명함입니다.)

1. (1) 他的手机号码是01012345678。
   (2) 电话号码是02-456-7890。
   (3) 他的传真号码是02-235-7289。
   (4) 他的手机号码是13868995688。

2. (1) 吗
   (2) 吧
   (3) 吧
   (4) 吧

3. (1) 这家公司没有那家公司那么大。
   (2) 金科长有王经理那么高。
   (3) 我们班的学生有他们班的学生那么多。
   (4) 这道菜没有那道菜那么贵。

제3과 你是哪国人?
(당신은 어느 나라 사람입니까?)

1. (1) 긍정) 是，我是韩国人。
     부정) 不，我不是韩国人。
  (2) 긍정) 是，我吃饭。
     부정) 不，我不吃饭。
  (3) 긍정) 是，我的书在这儿。
     부정) 不，我的书不在这儿。
  (4) 긍정) 是，我学汉语。
     부정) 不，我不学汉语。

2. (1) 什么
  (2) 哪儿
  (3) 什么
  (4) 哪

3. (1) 你也是中国人吗?
  (2) 我在海运公司工作。
  (3) 我要啤酒，你呢?
  (4) 他在食堂吃饭。

4. (1) n, ó, é
  (2) ì, ě, r
  (3) g, ī
  (4) h, ù
  (5) q, ch
  (6) sh, à

제4과 你今年多大年纪?
(당신은 올해 몇 살입니까?)

1. (1) Q：几岁
     A：两岁
  (2) Q：你几岁
  (3) A：多大

     B：二十四岁
     A：二十二岁
  (4) Q：年纪 혹은 岁数

2. (1) 我们公司不大。
  (2) 他不是中国人。
  (3) 我没有孩子。
  (4) 他没有女朋友。

3. (1) 我有一个想法。
  (2) 他买两双袜子。
  (3) 桌子上有两本杂志。
  (4) 我去了一趟上海。

4. (1) á, ì
  (2) ǔ, é
  (3) í, ǎ
  (4) z, zh
  (5) y, i
  (6) ó, i

제5과 现在几点?
(지금 몇 시입니까?)

1. (1) Q：几点
     A：六点半
  (2) Q：几点
     A：九点
  (3) Q：几点
     A：十二点
  (4) Q：几点
     A：两点二十分
  (5) Q：几点
     A：六点三刻 혹은 六点四十五分
  (6) Q：几点
     A：差五分十二点 혹은 十一点五十五分

연습문제 해답

제1과 你好!
(안녕하세요!)

1. (1) 您好!
   (2) 你们好!
   (3) 好久不见!
   (4) 再见!

2. (1) 她不漂亮。
   (2) 我们不忙。
   (3) 他不帅。
   (4) 我们学校不大。

3. (1) 好久不见!
   (2) 再见!
   (3) 谢谢!
   (4) 没关系!

4. (1) z, j, à
   (2) ú, à
   (3) à, i
   (4) è, i
   (5) é, u, i
   (6) ì, q

제2과 您贵姓?
(당신은 성이 무엇입니까?)

1. (1) 我不认识他。
   (2) 他们不去中国。
   (3) 他不是我的同事。
   (4) 她们不吃饭。

2. (1) 哪儿
   (2) 什么
   (3) 什么
   (4) 谁

3. (1) 我姓朴。
   (2) 我叫金永水。
   (3) 他是我的同事。
   (4) 认识你,我也很高兴。

4. (1) í, i
   (2) è, sh
   (3) g, x
   (4) ng, ì
   (5) ó, u
   (6) m, à

2. 다음 문장을 부정형식으로 바꾸시오.

(1) 我想吃辣的。 ➡ _____

(2) 我要买这个。 ➡ _____

(3) 我想喝咖啡。 ➡ _____

(4) 我要去公园。 ➡ _____

3. 주어진 어구를 이용하여 한국어를 중국어로 옮기시오.

(1) 이 옷은 좀 크다. (一点儿)

➡ _____

(2) 이 시계는 좀 느리다. (有点儿)

➡ _____

(3) 나는 화장품을 좀 사고 싶다. (一点儿)

➡ _____

(4) 나는 좀 가고 싶지 않다. (有点儿)

➡ _____

4. 다음 한국어를 중국어로 옮기시오.

(1) 거기에는 상점이 많이 있습니다.

➡ _____

(2) 당신은 어떤 브랜드의 화장품을 사고 싶습니까?

➡ _____

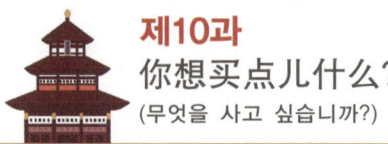

제10과
你想买点儿什么?
(무엇을 사고 싶습니까?)

성 명 _____ 학 과 _____
학 년 _____ 학 번 _____

1. 다음 그림을 보고 아래 대화를 완성하시오.

(1)

Q : 你想吃什么?

A : _____

(2)

Q : 你想去哪儿?

A : _____

(3)

Q : 你想做什么?

A : _____

(4)

Q : 你想买什么?

A : _____

(3) 비행기를 타고 가면 매우 편하지만 공항까지 매우 멀다.
   (坐 / 去 / 到 / 可是 / 飞机 / 机场 / 很 / 很 / 方便 / 远)

   ➡ _____

(4) 오늘 날씨가 조금 덥다. (有点儿 / 天气 / 今天 / 热)

   ➡ _____

(2)  ➡ _____

(3)  ➡ _____

(3) 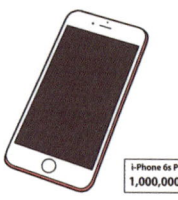 ➡ _____

4. 주어진 어휘를 이용하여 한국어를 중국어로 옮기시오.

(1) 크기가 조금 작지만 휴대폰 앱이 많다.
(有点儿 / 很 / 可是 / 手机软件 / 机身 / 小 / 多)

➡ _____

(2) 라면을 먹으면 돈을 아끼고 시간도 아낀다.
(又 / 又 / 省钱 / 方便面 / 吃 / 省时间)

➡ _____

2. 다음 그림을 '又(既)……又……' 격식을 이용하여 표현하시오.

(1)  ➡ _____

(2) ➡ _____

(3)  ➡ _____

(3) ➡ _____

3. 다음 그림을 보고 '有点儿'을 사용하여 문장을 완성하시오.

(1) ➡ _____

제9과

你的手机怎么样?

(당신의 휴대폰은 어때요?)

성 명 _____   학 과 _____
학 년 _____   학 번 _____

1. 다음 그림을 보고 대화를 완성하시오.

(1)

Q : 你身体怎么样?

A : _____
_____

(2)

Q : 这件衣服怎么样?

A : _____
_____

(3)

Q : 这道菜味道怎么样?

A : _____
_____

(3)

Q : 今天天气怎么样?

A : _____
_____

(3) 여기에서 롯데백화점까지 얼마나 걸리니?

(到 / 从 / 需要 / 多 / 乐天 / 时间 / 这儿 / 百货商店 / 长)

➡ _____

(4) 전철을 타면 20분 정도 걸린다. (分钟 / 坐 / 二十 / 左右 / 需要 / 地铁)

➡ _____

(2)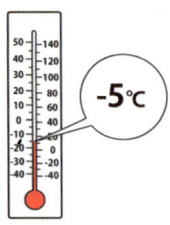

Q：今天气温多少度?

A：_____

_____

(3)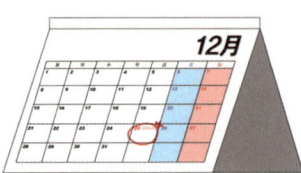

Q：他什么时候来韩国?

A：_____

(4)

Q：从这儿到那儿需要多长时间?

A：_____

4. 주어진 어휘를 이용하여 한국어를 중국어로 옮기시오.

(1) 백화점은 몇 시에 문을 여니? (几 / 开 / 点 / 百货商店 / 门)

➡ _____

(2) 오전 10시 반에 문을 열고 영업한다.

(上午 / 点 / 半 / 十 / 门 / 开 / 营业)

➡ _____

2. 다음 그림을 보고 문장을 완성하시오.

(1)

Q：从地铁站到圣洁大学需要多长时间?

A：_____

(2)

Q：从机场到物流公司需要多长时间?

A：_____

(3)

Q：从南山到东大门购物中心需要多长时间?

A：_____

(4)

Q：从首尔火车站到高速公共汽车站需要多长时间?

A：_____

3. 다음 질문에 대해 그림을 보고 어림수 표현으로 답하시오.

(1)

Q：他多大年纪?

A：_____
_____

제8과
百货商店几点开门?
(백화점은 몇 시에 문을 엽니까?)

성 명 _____   학 과 _____
학 년 _____   학 번 _____

1. 다음 그림을 보고 적절한 대화를 완성하시오.

(1)

Q：你个子多高?

A：_____

(2)

Q：你多重?

A：_____

(3)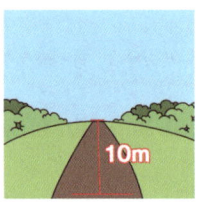

Q：这条路多长?

A：_____

(4)

Q：到机场多远?

A：_____

2. 다음 밑줄에 들어갈 적절한 어기조사를 쓰시오.

(1) 여기가 너희 회사니?　　　这是你们公司_____?

(2) 그는 너의 회사동료지?　　他是你的同事_____?

(3) 우리 함께 가자.　　　　　我们一起走_____!

(4) 안심하세요.　　　　　　　你放心_____!

3. 다음 그림을 보고 '有'자 비교문의 긍정형식 혹은 부정형식으로 표현하시오.

(1)  ➡ _____

(2)  ➡ _____

(3)  ➡ _____

(4)  ➡ _____

第7과
这是我的名片。
(이것은 제 명함입니다.)

성 명 _____   학 과 _____
학 년 _____   학 번 _____

1. 다음 그림을 보고 대화를 완성하시오.

(1)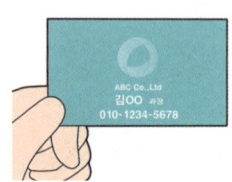

A : 金科长的手机号码是多少?

B : _____

(2)

A : 物流公司的电话号码是多少?

B : _____

(3)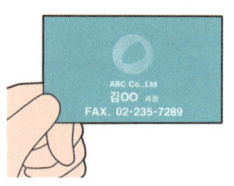

A : 金科长的传真号码是多少?

B : _____

(4)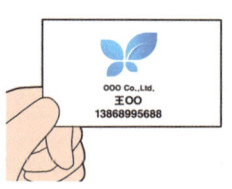

A : 王经理的手机号码是多少?

B : _____

　　　　金科长在公司。

(1) (판단의문문) ➡ _____

(2) (긍부정의문문) ➡ _____

(3) (부정 대답) ➡ _____

3. 다음 문장을 부정형식으로 바꾸시오.

(1) 那儿有很多商店。 ➡ _____

(2) 我有很多朋友。 ➡ _____

(3) 工作做完了。 ➡ _____

(4) 我听清楚了。 ➡ _____

4. 주어진 어휘를 이용하여 한국어를 중국어로 바꾸시오.

(1) 내가 너에게 한 턱 낼게. (我/你/吃/请/饭)

➡ _____

(2) 그에게 나한테 다시 전화하라고 해주십시오. (他/我/给/个/回/请/电话)

➡ _____

(3) 우리는 그에게 서점에 가라고 했다. (我们/他/让/去/书店)

➡ _____

(4) 사장이 나에게 상하이로 출장 가라고 했다. (经理/上海/我/叫/去/出差)

➡ _____

제6과
王经理在吗?
(왕사장님 계십니까?)

| 성 명 | _____ | 학 과 | _____ |
| 학 년 | _____ | 학 번 | _____ |

---

1. 다음 그림을 보고 밑줄에 적당한 어구를 넣어 대화문을 완성하시오.

(1) A : 喂, 张经理_____?

　　B : 他不在, 您是_____?

　　A : 我是物流公司的金科长, 叫永水。
　　　　_____, 好吗?

　　B : 好的, _____。

(2) A : 喂, 金科长_____?

　　B : _____。

　　A : 您那儿_____?

　　B : _____, 这儿不是物流公司。

　　A : 对不起。

2. 다음 문장을 아래에서 지시하는 문장형식으로 변환하시오.

> 我这儿是物流公司。

(1) (판단의문문) ➡ _____

(2) (긍부정의문문) ➡ _____

(3) (부정의문문) ➡ _____

(4) (부정 대답) ➡ _____

4. 녹음을 듣고 다음 밑줄에 들어갈 한어병음을 쓰시오.

(1) ___īng___ī___ì

(2) xi___nz___i

(3) sh___ngr___

(4) ___ī___u

(5) ___ōng___iū___ié

(6) sh___y___ diǎn sān k___

(4)    Q：今年中秋节几月几号?

                                                A：_____

3. 다음 그림을 보고 문장을 완성하시오.

(1)    ➡ _____

(2)    ➡ _____

(3)    ➡ _____

(4)    ➡ _____

부록 연습문제 _ 13

(5)

Q：你＿＿＿＿＿＿下班?

A：我＿＿＿＿＿＿下班。

　　我＿＿＿＿＿＿下班。

(6)

Q：你＿＿＿＿＿＿睡觉?

A：＿＿＿＿＿＿睡觉。

　＿＿＿＿＿＿睡觉。

2. 다음 그림을 보고 대화를 완성하시오.

(1)

Q：几岁?

A：＿＿＿＿＿＿＿＿＿＿＿＿＿＿

(2)

Q：今天几月几号星期几?

A：＿＿＿＿＿＿＿＿＿＿＿＿＿＿

(3)

Q：你是哪年出生的?

A：＿＿＿＿＿＿＿＿＿＿＿＿＿＿

제5과
现在几点?
(지금 몇 시입니까?)

성 명		학 과	
학 년		학 번	

---

1. 그림을 보고 밑줄에 적합한 어구를 넣어 대화를 완성하시오.

(1)

Q : 你_____起床?

A : 我_____起床。

(2)

Q : 你_____上班?

A : 我_____上班。

(3)

Q : 你_____吃午饭?

A : 我_____吃午饭。

(4)

Q : 你们_____开会?

A : 我们_____开会。

2. 다음 문장을 부정형식으로 바꾸시오.

(1) 我们公司很大。 ➡ _____

(2) 他是中国人。 ➡ _____

(3) 我有孩子。 ➡ _____

(4) 他有女朋友。 ➡ _____

3. 주어진 어휘를 이용하여 한국어를 중국어로 옮기시오.

(1) 나는 생각이 하나 있다. (我 / 个 / 一 / 有 / 想法)

➡ _____

(2) 그는 양말 두 켤레를 산다. (他 / 袜子 / 两 / 双 / 买)

➡ _____

(3) 책상 위에 잡지 두 권이 있다. (上 / 两 / 有 / 杂志 / 本 / 桌子)

➡ _____

(4) 나는 상해에 한번 갔다 왔다. (我 / 趟 / 了 / 一 / 去 / 上海)

➡ _____

4. 녹음을 듣고 다음 밑줄에 들어갈 한어병음을 쓰시오.

(1) ni___nj___   (2) n___'___r

(3) c___di___n   (4) ___á___ì

(5) ___ǐz___   (6) y___up___ào

제4과
你今年多大年纪?
(당신은 올해 몇 살입니까?)

성 명 _____   학 과 _____
학 년 _____   학 번 _____

---

1. 그림을 보고 밑줄에 적합한 어구를 넣어 대화를 완성하시오.

(1)

　　Q : 你的女儿_____?

　　A : _____。

(2)

　　Q : _____?

　　A : 我七岁。

(3)

　　Q : 你今年_____?

　　A : 我今年_____, 你呢?

　　A : 我今年_____。

(4)

　　Q : 您多大_____?
　　　 혹은 您多大_____?

　　A : 我六十五岁。

(2) Q : 你在_____学汉语?

A : 我在中国学汉语。

(3) Q : 你在商店买_____?

A : 我在商店买东西。

(4) Q : 你是_____国人?

A : 我是韩国人。

3. 다음 주어진 어휘를 이용하여 한국어를 중국어로 옮기시오.

(1) 당신도 중국인입니까? (你 / 人 / 吗 / 是 / 中国 / 也)

➡ _____

(2) 나는 해운회사에서 일합니다. (在 / 公司 / 我 / 海运 / 工作)

➡ _____

(3) 나는 맥주를 원해, 너는? (我 / 你 / 要 / 呢 / 啤酒)

➡ _____

(4) 그는 식당에서 밥을 먹는다. (他 / 饭 / 食堂 / 吃 / 在)

➡ _____

4. 녹음을 듣고 다음 밑줄에 들어갈 한어병음을 쓰시오.

(1) Há___gu___r___n   (2) R___b___n___én

(3) ___ōngs___   (4) ___ǎiy___n

(5) ___ì___ē   (6) ___āngdi___n

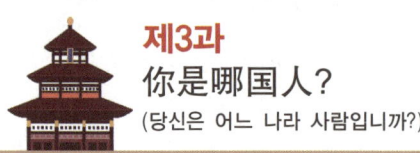

제3과
你是哪国人?
(당신은 어느 나라 사람입니까?)

성 명 _____　학 과 _____
학 년 _____　학 번 _____

1. 다음 질문에 대해 긍정 및 부정 형식으로 대답하시오.

　(1) 你是韩国人吗?

　　➡ 是, _____

　　➡ 不, _____

　(2) 你吃饭吗?

　　➡ 是, _____

　　➡ 不, _____

　(3) 你的书在这儿吗?

　　➡ 是, _____

　　➡ 不, _____

　(4) 你学汉语吗?

　　➡ 是, _____

　　➡ 不, _____

2. 밑줄에 들어갈 적합한 단어를 쓰시오.

　(1) Q : 你做_____工作?
　　　A : 我在物流公司工作。

3. 다음 대화문을 완성하시오.

(1) Q : 您贵姓?

   A : _____

(2) Q : 你叫什么名字?

   A : _____

(3) Q : 他是谁?

   A : _____

(4) Q : 认识你很高兴。

   A : _____

4. 녹음을 듣고 다음 밑줄에 들어갈 한어병음을 쓰시오.

(1) m___ngz___   (2) r___n___i

(3) ___āo___ìng   (4) tó___sh___

(5) t___ngx___é   (6) ___íngpi___n

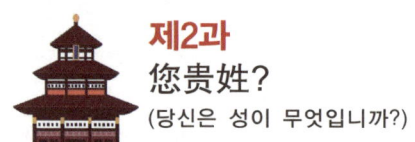

제2과
您贵姓?
(당신은 성이 무엇입니까?)

1. 아래 예시와 같이 다음 문장을 부정형식으로 바꾸시오.

   예시 我看书。➡ 我不看书。

   (1) 我认识他。 ➡ _____

   (2) 他们去中国。 ➡ _____

   (3) 他是我的同事。 ➡ _____

   (4) 她们吃饭。 ➡ _____

2. 밑줄에 적절한 의문사를 넣으시오.

   (1) Q : 你去_____?

   　　A : 我去中国。

   (2) Q : 这是_____?

   　　A : 这是我的名片。

   (3) Q : 你看_____?

   　　A : 我看书。

   (4) Q : 他是_____?

   　　A : 他是我爸爸。

2. 아래 예시와 같이 다음 문장을 부정형식으로 바꾸시오.

> **예시** 我很好。 ➡ 我不好。

(1) 她很漂亮。 ➡ _____

(2) 我们很忙。 ➡ _____

(3) 他很帅。 ➡ _____

(4) 我们学校很大。 ➡ _____

3. 다음 대화를 완성하시오.

(1) 好久不见。 — _____

(2) _____ — 再见。

(3) _____ — 不客气。

(4) 对不起。 — _____

4. 녹음을 듣고 다음 밑줄에 들어갈 한어병음을 쓰시오.

(1) ___ài___i___n (2) hǎojiǔb___ji___n

(3) pi___ol___ang (4) búk___q___

(5) m___ig___ānx___ (6) du___bu___ǐ

제1과
你好!
(안녕하세요!)

| 성 명 | _____ | 학 과 | _____ |
| 학 년 | _____ | 학 번 | _____ |

1. 다음 그림을 보고 밑줄에 들어갈 중국어를 쓰시오.

(1)  ➡ _____

(2)  ➡ _____

(3)  ➡ _____

(4)  ➡ _____

기초물류중국어 I
연습문제

제이앤씨
Publishing Company